T0198551

Sammlung Metzler
Band 76

Eberhard Mannack

Andreas Gryphius

———

2., vollständig neubearbeitete Auflage

J. B. Metzlersche Verlagsbuchhandlung
Stuttgart

CIP-Kurztitelaufnahme der Deutschen Bibliothek

Mannack, Eberhard:
Andreas Gryphius / Eberhard Mannack. –
2., vollst. neubearb. Aufl. –
Stuttgart : Metzler, 1986.
  (Sammlung Metzler ; M 76 : Abt. D, Literaturgeschichte)
  ISBN 978-3-476-12076-2
NE: GT

ISSN 0558-3667
ISBN 978-3-476-12076-2
ISBN 978-3-476-04048-0 (eBook)
DOI 10.1007/978-3-476-04048-0

M 76

INHALT

VORBEMERKUNG

Seit 1968, als dieser Band in der Sammlung Metzler erstmals
herauskam, ist eine Fülle von Beiträgen zur deutschen Barockliteratur und speziell zu Andreas Gryphius erschienen, die eine
weitgehende Überarbeitung der ersten Auflage notwendig
machte, zumal sich unser Bild von diesem Autor dadurch entschieden verändert hat. Um den Stand der Forschung einigermaßen vollständig zu dokumentieren, konnte manches nur
kurz skizziert oder sogar bloß angedeutet werden. Dennoch
hoffe ich, daß der hier vorgelegte Band dem an G. interessierten
Leser hinreichend Informationen bietet und ihn womöglich zu
weiteren Überlegungen anregt. Die Literaturangaben sind gegenüber der ersten Auflage erheblich ergänzt und erweitert
worden, doch habe ich bei einzelnen Verfassern nicht alle Beiträge aufgelistet, wenn sich etwa zeigte, daß sie Teilabdrucke
darstellen, die in größeren Abhandlungen oft unverändert wie-
derkehren. Verzichtet wurde zudem auf die bibliographische
Erfassung von G.-Editionen, die einen modernisierten oder
überarbeiteten Text bieten, zumal die angegebenen bibliographischen Hilfsmittel hier schnell weiterhelfen können. Nicht
verschwiegen werden soll schließlich, daß der letzte Teil, der
von der G.-Rezeption handelt, wieder nur fragmentarisch aus-
gefallen ist. Da noch immer eine Rezeptionsgeschichte zu unserem Autor fehlt, war die Versuchung groß, die zahlreichen Belege zur unterschiedlichen Bewertung des Dichters im Laufe der
Jahrhunderte wenigstens zu erwähnen, doch hätte dies den Eindruck einer bloßen Aufzählung noch erheblich verstärkt. So
bleibt nur zu hoffen, daß unser unzulänglicher Versuch Anlaß
wird für eine Arbeit, die dieses interessante Thema systematisch
angeht. Sie würde u. a. zeigen, in welchem Ausmaß die ›naive‹
G.-Rezeption lange Zeit die wissenschaftliche Beschäftigung
mit dem bedeutenden schlesischen Dichter beeinflußt hat.
Wenn ich überdies die jüngere bzw. jüngste Forschung in diesem Schlußteil außerordentlich knapp berücksichtigt habe, so
ist das deshalb geschehen, weil im biographischen wie im Werk-
Teil die seit 1968 erschienenen Untersuchungen ausführlich
erörtert bzw. eingearbeitet worden sind.
    G. gehört bis heute zu den bekanntesten Dichtern des deut-
schen Barock, und die Frage nach den Gründen hierfür könnte
vielleicht nähere Auskunft geben über die merkwürdige Stellung des auf höchste Kunstfertigkeit bedachten strengen An-

hängers der lutherischen Religion, der in einer seiner Oden
formulierte:

»Weg meine Lauten! was wird das singen seyn /
Wenn man die Glieder setzt in die gruben ein?
Wird jemand was ich schreibe lesen;
Wann ich werd' in der grufft verwesen?«

Angesichts der zur Verfügung stehenden Quellen kann es nicht überraschen, daß schon bei der Biographie eine ganze Reihe von Fragen unbeantwortet bleiben muß oder nicht mit letzter Sicherheit geklärt werden kann. Die von G. selbst verfaßte Lebensbeschreibung scheint endgültig verloren, und so sind wir auf direkte oder versteckte Äußerungen des Dichters in seinen Werken sowie auf Mitteilungen aus zweiter Hand angewiesen. Als besonders zuverlässig gilt bis heute die Biographie *Baltzer Siegmund von Stoschs*, die wir dem vielgeübten Brauch der Zeit verdanken, das Leben und Wirken verdienter Personen bei deren Tode in einem »Ehrengedächtnis« ausführlich zu würdigen und für die Mit- und Nachwelt festzuhalten. Stosch hat ebenso wie dem Biographen der Familie G., *Johann Theodor Leubscher*, die Autobiographie des Dichters vorgelegen.

Die Arbeiten von Stosch und Leubscher hat später der dritte Biograph, *Christian Stieff*, verwertet, als er in einer Sammlung »Von hundert Historien . . . denckwürdiger Nahmen / Oerter / Personen« aus der Geschichte Schlesiens auch des Dichters G. gedachte, dessen Abhandlungen über die Sektion von Mumien und den Brand von Freistadt er in zwei weiteren Kapiteln seines Sammelwerkes benutzte. Ergänzendes zum Leben von G. enthält schließlich das 1711 erschienene Werk von *S. F. Lauterbach*.

1. Last- und Ehren- auch Daher immerbleibende Danck- und Denck-Seule / Bey vollbrachter Leich-Bestattung Des Weiland Wol-Edlen / Groß-Achtbarn und Hochgelehrten Herrn *Andreæ Gryphii*, Des Fürstenthums Glogau treugewesenen von vielen Jahren *Syndici*, In einer Abdanckungs-Sermon auffgerichtet von Baltzer Siegmund von Stosch. Leipzig 1665 [Wiederabdruck in Text + Kritik 7/8 ²1980, S. 2 ff.].
2. *De Claris Gryphiis* Schediasma M. Joannis Theodori *Leubscheri*. *Brigae Silesiorum, M. DCCII*. [Übersetzung in Text + Kritik 7/8 1965, ²1980, S. 12 ff.].
3. Andreæ Gryphii Lebens-Lauff. In: Schlesisches Historisches Labyrinth Oder Kurtzgefaste Sammlung Von hundert Historien Allerhand denckwürdiger Nahmen / Oerter / Personen / Gebräuche / Solennitäten und Begebenheiten In Schlesien. Aus den weitläufftigen gedruckten Chronicken und vielen geschriebenen Urkunden . . . in einem kurtzern und bessern Zusammenhange . . . ververtiget. Breßlau und Leipzig 1737. [Verfasser bzw. Bearbeiter des Buches ist Christian Stieff. Wiederabdruck in Text + Kritik 7/8 ²1980, S. 24 ff.].
4. Fraustädtisches Zion. Das ist Historische Erzehlung, desjenigen, Was sich von A. 1500. bis 1700. im Kirch-Wesen zu Fraustadt in der

Cron Pohlen, zugetragen . . . von Samuel Friedrich Lauterbach. Leipzig
1711.

Dank dieser Schriften sind wir über G. weitaus besser unter-
richtet als über manchen seiner dichtenden Zeitgenossen; dennoch finden sich noch immer Lücken genug, so daß sich die
Forschung öfter mit Vermutungen weiterhelfen mußte, wo ge-
sicherte Erkenntnisse vonnöten wären. Auf welchem Wege das
Dunkel wenigstens einigermaßen aufgehellt werden kann, haben V. *Manheimer* erstmals im bibliographischen Teil seines
Lyrikbuches (1904), *M. Szyrocki* (1959) und *W. Flemming* in
seiner G.-Monographie (1965) gezeigt, der auf Ergebnisse ähnlich angelegter Versuche zurückgreifen konnte. Danach erweisen sich Untersuchungen über die allgemeinen politischen Geschehnisse wie über die spezielle Landesgeschichte, über die
Entwicklung des Theaters, des kirchlichen Lebens sowie die
Geschichte einzelner Schulen und Universitäten in jener Zeit als
derart fruchtbar, daß eine ganze Reihe von Einsichten einen hohen Grad von Wahrscheinlichkeit beanspruchen kann. Wir
werden an den betreffenden Stellen auf diese Untersuchungen
zurückkommen.

Andreas G. wurde am 2. Oktober 1616 in *Glogau* geboren.
Die Angabe »11. Oktober« beruhte auf einem Lesefehler älterer
Forscher, taucht aber selbst in neuesten Publikationen noch auf.
G. selbst hat einige Verwirrung gestiftet, indem er ein Sonett
mit dem Titel »Der Autor vber seinen Geburts=Tag den 29.
September des MDCXVI Jahres« veröffentlichte. Die Rückda-
tierung auf den Tag des Erzengels Michael geschah in der Absicht, seinem Geburtstag einen christologischen Aspekt zu verleihen.

Das Fürstentum Glogau gehörte zu den Erbfürstentümern
der Krone Böhmens; seine Bevölkerung bekannte sich wie die
der meisten schlesischen Territorien zum Protestantismus. Als
das Haus Habsburg die Gegenreformation immer energischer
vorantrieb, gerieten die der Krone unterstellten Landesteile
Schlesiens in fühlbare Bedrängnis. Die *Familie G.* wurde davon
besonders betroffen, da der Vater Paul in Glogau als Archidia-
kon und sein gleichnamiger Sohn aus früherer Ehe als protestantischer Geistlicher tätig waren. Es spricht vieles dafür, daß der
plötzliche Tod des Vaters am 5. Januar 1621 durch die politischen und konfessionellen Wirren verursacht worden ist. Einen
Tag vorher nämlich kam der Winterkönig, für den sich die
Schlesier sogleich erklärt hatten, auf seiner Flucht nach Glogau

und beanspruchte die Herausgabe des gesamten Silberbestandes der Kirche – zum Entsetzen der protestantischen Geistlichkeit, die die Rache des Kaisers fürchten mußte und den Anfeindungen der Katholiken ausgesetzt war. Diese Erklärung des plötzlichen Todes erscheint wahrscheinlicher als die nur in dunklen Andeutungen gehaltene Aussage des Sohnes in seinem zwanzig Jahre später entstandenen Gedicht »In einer tödlichen Kranckheit«, wonach sein Vater

»Fiel durch Gift / das ihm ein falscher Freund gegeben / Der offt vor seinem Muth und hohen Geist erblast« (III, 128).

Es besteht heute kein Zweifel daran, daß diese Worte nur im übertragenen Sinne verstanden und nicht etwa als Mordanschlag gedeutet werden dürfen.

G.s Mutter heiratete 1622 *Michael Eder*, der als Magister am Glogauer evangelischen Gymnasium lehrte. Andreas war im Frühjahr 1621 dort eingeschult worden. Die Schule sei damals in »gutem Ruhm und Flor« gewesen, bemerkt Stosch, und erwähnt als gelehrte fleißige Männer dieser Anstalt neben Eder die Magister *Johannes Faustus* und *Jacobus Rollius* (S. 24). In den folgenden Jahren erhielten die konfessionellen Streitigkeiten gerade in Glogau neue Nahrung – seit 1625 suchten die Jesuiten auch in dieser Stadt die Gegenreformation voranzutreiben, und als die Glogauer Katholiken die Rückgabe der Pfarrkirche forderten, kam es zum Aufruhr. 1628 holte deshalb der kaiserliche Landeshauptmann von Groß-Glogau, Georg III. Reichsgraf von Oppersdorf, die Lichtensteiner Dragoner zu Hilfe, die die Rekatholisierung mit Gewalt erzwangen; man erklärte »die Evangelischen auf ewige Zeiten des Bürgerrechts, Handels und Gewerbes für unfähig«, schloß das evangelische Gymnasium und zwang die nicht Bekehrungswilligen zum Verlassen der Stadt. Unter ihnen war auch G.s Stiefvater Eder, während Andreas selbst aufgrund einer Anordnung, wonach Emigranten alle Knaben unter fünfzehn Jahren zurücklassen mußten, in der Stadt blieb. Für den jungen G. war dies besonders hart, da er kurze Zeit vorher – am 21. März 1628 – seine Mutter verloren hatte. Michael Eder, der inzwischen die Pfarrstelle des kleinen Grenzdorfes *Driebitz* versah, nahm ihn Ende desselben Jahres zu sich, »da er durch Anweisung seines Hn. Pflege Vaters / und selbst eigenen Fleiß / sich in Studien höher zu bringen gesuchet . . .« (Stosch, S. 25). Am Gründonnerstag des Jahres 1631 verließ Andreas Driebitz, um nach über zweijähriger Unterbrechung wieder eine öffentliche Schule zu besuchen; doch der

Plan mißlang – in Görlitz, das er als neuen Aufenthaltsort ins Auge gefaßt hatte, konnte er offensichtlich wegen der Kriegswirren nicht bleiben. Er zog zunächst nach Rückersdorf weiter, wo sein von ihm verehrter Stiefbruder Paul als Pfarrer tätig war, der durch die Rekatholisierungsversuche schweren Verfolgungen ausgesetzt war. Von dort ging G. nach *Glogau*. Was er sich von dem erneuten Besuch dieser Stadt versprach, bleibt unklar, denn das evangelische Gymnasium war seit drei Jahren geschlossen. Im Sommer 1631 vernichtete eine Feuersbrunst weite Teile der Stadt, und kurz danach brach die Pest aus. Man hat vermutet, daß G. wieder zu seinem Stiefbruder nach Rückersdorf ging, doch fehlen hierüber sichere Auskünfte. Stosch berichtet über den betreffenden Zeitraum recht summarisch: »Als die Stadt Glogau durch die Feuersbrunst in die Asche geleget / hat er den Sommer über den Plutarchum und die Decades Livii mit genauem Fleiße durchgangen / und sich selbst / von aller Anweiser Hülffe entblösset / auspoliren müssen. Nachdem er nun seinen Zustand Hn. M. Edero durch eine Elegie entdecket / ist endlich der Rath dahin gediegen / sich der Fraustädtischen Schule zu bedienen . . .« (Stosch, S. 26).

Eder, der 1629 *Maria Rissmann*, eine gebildete und fromme Frau, geheiratet hatte, war als Pfarrer nach *Fraustadt* berufen worden und besaß zudem die Oberaufsicht über das dortige Gymnasium. G. bezog diese Schule am 3. Juni 1632, in der er seinen alten Glogauer Lehrer Rollius wiedertraf. Schmerzliche Erfahrungen blieben ihm auch hier nicht erspart – in dem Hause des Mediziners Otto, in dem er einlogiert war, starben die Frau und fünf Kinder an der Pest, und der Hausherr blieb nach der Erkrankung gelähmt. Doch in diesen Jahren feierte der junge G. zugleich seine ersten Triumphe: er tat sich nicht nur durch Schulreden hervor, sondern errang auch als Schauspieler auf der Schulbühne einen Preis. Gespielt wurde Daniel Cramers »Areteugenia«, in der G. den Aretin verkörperte. In derselben Zeit entstand zudem seine erste größere Dichtung: »Den Kinder-Mörder Herodem hat er den 21. September [1633] angefangen / den 10. Wein-Monats aber / als die Pest eingerissen / und die öffentliche Schule eingestellet / durch häußlichen Fleiß zu Ende gebracht / auch solchen darauff zu Glogau in Druck befördert« (Stosch, S. 2). Er blieb bis 16. Mai 1634 in Fraustadt.

In den nahezu achtzehn Jahren, die seit der Geburt des Dichters verstrichen waren, hatte ihn das Schicksal nicht verwöhnt – die Wirren des schrecklichen Krieges und die Auswirkungen der konfessionellen Spaltung bestimmten über Jahre seinen Lebensgang und verhinderten eine zusammenhängende Ausbildung; daß das selbst in dem schwergeprüften Schlesien nicht allenthalben so sein mußte, lehrt das Beispiel des nur um ein Jahr jüngeren Hoffmannswaldau, der in Breslau aufwuchs, einer Stadt, die den Ansturm feindlicher Heere kaum zu fürchten brauchte und sich großer Freiheiten erfreute. Bei G. traten noch persönliche Schicksalsschläge hinzu; mit zwölf Jahren war er Vollwaise und auf Hilfe von Menschen angewiesen, die selbst unter Verfolgung und Not litten. Zu ihnen gehört der Stiefvater *Eder*, dessen Verhältnis zum jungen Andreas in der Literatur umstritten ist. Eine Reihe von Andeutungen in Gedichten, in denen G. sich seines Leidensweges erinnert, läßt den Schluß zu, daß ihm auch von Eder nicht immer Erfreuliches widerfuhr (vgl. dazu besonders sein »Anderes Straff-Gedichte«). Daß eine ernsthafte Verstimmung erst in späterer Zeit, womöglich bei seinem Aufbruch nach Holland, eingetreten ist, wird neuerdings entschieden bestritten. Schon Manheimer hat darauf aufmerksam gemacht, daß Dichtungen noch in der Leidener Zeit dem Stiefvater gewidmet wurden, und auch aus dem bisher vorgetragenen biographischen Material geht u. E. nichts anderes hervor, als daß sich Eder seines Stiefsohnes in Fürsorge angenommen hat.

Danzig, das G. am 23. Juni 1634 von Thorn aus zu Schiff erreichte, war in vielfacher Hinsicht für die Schlesier attraktiv. Die reiche Handelsstadt trotzte mit Erfolg der Belagerung durch die Schweden und besaß Privilegien, die der Entwicklung der Stadt zugute kamen. Zur wissenschaftlichen Blüte gesellte sich ein reges kulturelles Leben, dem das Nebeneinander der verschiedenen Glaubensbekenntnisse förderlich war – außer den Lutheranern, die den überwiegenden Teil der Bevölkerung ausmachten, den Reformierten und Katholiken gab es noch eine Reihe von Sekten, die eine starke Aktivität entwickelten. So blieben Streitigkeiten nicht aus, doch es waren Auseinandersetzungen, die mit den Waffen des Geistes ausgetragen wurden. Daß es die konfessionell nicht minder gespaltenen Schlesier zu diesem Ort hinzog, dürfte kaum überraschen. Allein während des Zeitraums, den G. in Danzig verbrachte, hielt sich eine Reihe bedeutender schlesischer Dichter in dieser Stadt auf – darunter Hoffmannswaldau, Lohenstein und J. P. Titz. Auch Opitz besuchte damals des öfteren die stolze Handelsstadt, in die er wenig später übersiedelte. In das Akademische Gymnasium wurde G. laut Stieff am 26. Juli aufgenommen, bei dessen Rektor *Johann Botsack* er in den ersten Wochen wohnte. Unter

Botsack entwickelte sich das Gymnasium zu einer Bastion lutherischer Orthodoxie; auch deshalb nahm der disputatorische Unterricht einen breiten Raum ein, galt es doch, alle Abweichungen von der wahren Glaubenslehre beredt zurückzuweisen. Mit der großen Welt kam er in Berührung, als er im Haus des polnischen Admirals *Alexander von Seton*, eines schottischen Katholiken, die Stelle eines Präzeptors erhielt, nachdem er sich schon vorher als Privatlehrer ausgezeichnet hatte. Entscheidende Anregungen empfing er von den Lehrern des Gymnasiums, vor allem von dem Mathematiker und Astronomen *Peter Crüger*, den er in einem seiner frühen Sonette besang. Crüger, der zugleich die Professur für Poesie innehatte, dürfte ihn neben *Mochinger*, dem Professor für Beredsamkeit, auf die neue deutsche Dichtung hingewiesen haben; beide Lehrer standen in enger Beziehung zu *Martin Opitz*, dessen »Buch von der Deutschen Poeterey« 1643 in Danzig nachgedruckt wurde. So ist es durchaus wahrscheinlich, daß G. schon während der Danziger Jahre eine Reihe deutscher Gedichte zu schreiben begann, darunter einige seiner bekanntesten Sonette – sie wurden in das Lissaer Sonettbuch (1637) aufgenommen, in dem sich u. a. die Übersetzungen dreier lateinischer Gedichte von Sarbiewski, Bidermann und Bauhusius finden. Das weist wiederum auf den Danziger Aufenthalt zurück – es gilt als sicher, daß er sich mit den Dichtungen des polnischen Jesuiten *Sarbiewski* in Danzig beschäftigte. Dort erwarb er wahrscheinlich auch die »Tragoediae sacrae« des französischen Jesuiten *Nicolaus Caussinus;* bei einem solchen Interesse für die Schöpfungen der Jesuiten wird er sich zweifellos auch die Schulaufführungen nicht haben entgehen lassen, die im Jesuitenkolleg des nahen Braunsberg stattfanden. So macht der Danziger Aufenthalt eine bedeutende Epoche im Leben des Dichters aus, empfing er doch in dieser geistig lebendigen Stadt Eindrücke, die sein ferneres Wirken nachhaltig befruchteten. G. war sich dessen offensichtlich bewußt, und er erwies der alten Hansestadt seine Reverenz, indem er sein zweites lateinisches Epos »Dei Vindicis Impetus et Herodis Interitus«, das 1635 erschien, den Danziger Ratsherren widmete. Am 16. Juli 1636 – Stosch spricht fälschlicherweise vom 16. Februar – rief ihn sein Stiefvater zurück, am 21. verabschiedete er sich von seinen Lehrern, und am 30. ist er in »Fraustadt vom Herrn Edero damaligen Pastore Loci, freundlich empfangen worden« (Stosch, S. 29). Von Leubscher erfahren wir, daß G. auf der Heimreise verunglückte und sich dabei ernsthafte Verletzungen zuzog (Leubscher, S. 55).

Im Hause Eders verweilte er nur kurze Zeit; am 18. August begab er sich auf das nahe bei Freistadt gelegene Gut *Georg von Schönborn*s, dem er sein drittes, gleichfalls in Danzig erschienenes lateinisches Gedicht, den »Parnassus renovatus«, gewidmet hatte. Stosch bezeichnet G.s Stellung als die eines »Ephorus« für die Kinder von Schönborns. Sein neuer Gönner, der seit einigen Jahren das geruhsame Leben eines Gutsbesitzers führte, konnte auf eine glänzende Laufbahn zurückblicken. Daß er sie plötzlich aufgab, geschah offensichtlich auch aus Gewissensgründen, denn aufgrund seiner Stellung als kaiserlicher Beamter sah sich der einstige Anhänger des Winterkönigs gezwungen, zum Katholizismus überzutreten. Diesen Schritt machte er später rückgängig. Als G. in sein Haus kam, fand er einen von Krankheit und Hypochondrie gezeichneten Mann vor. Für den »Ephorus« war der Umgang mit diesem bedeutenden Rechtsgelehrten von großem Gewinn; aus Schönborns Feder stammt das vielbeachtete staatswissenschaftliche Werk »Politicorum libri septem«, das über Fragen der Herleitung und Begrenzung absolutistischer Regierungsgewalt, über das Verhältnis von Fürst und Untertan u. a. handelt. Es wird an späterer Stelle noch zu zeigen sein, in welchem Maße den Dichter diese Fragen beschäftigten. Hinzu kam eine überaus reichhaltige Bibliothek, von der G. ausgiebig Gebrauch machte und deren Vorzüge er eigens in einem Sonett hervorhob. Schon bald nach der Ankunft auf Schönborn ging er auch daran, seine deutschen Gedichte dem Publikum bekanntzumachen. Anfang des Jahres 1637 erschienen seine Lissaer Sonette. Gewidmet sind sie vier Frauen, denen er damit für »Hülff vnd Rettung [. . .] da ich versincken wolt«, dankt. Schönborn belohnte diese Arbeit sowie die anläßlich des Brandes von Freistadt (1637) entstandene Schrift »Fewrige Freystadt« mit der Verleihung des Adelstitels und der Magisterwürde und krönte ihn feierlich zum »Poeta laureatus«.

Leubscher hat den Text der Urkunde im vollen Wortlaut überliefert (S. 55-58) – der feierliche Akt geschah am 30. November 1637.

Am 23. Dezember 1637 starb Schönborn. Bei der Leichenfeier am 29. Dezember hielt G., der dem Sterbenden Beistand geleistet hatte, eine Trauerpredigt, die als »Brunnen Discurs« die später gedruckte Sammlung seiner Leichabdankungen eröffnet. Damit stattete er einer Familie seinen Dank ab, deren Wohlwollen er seit seiner Ankunft genoß; für die fromme und mildtätige Gutsherrin empfand G. tiefe Verehrung, und mit den fast gleichaltrigen Söhnen verband ihn eine Freundschaft, die über viele

Jahre anhielt. Unklarheit besteht über G.s Verhältnis zur Tochter des Hauses, aus deren Hand er den Dichter-Lorbeer empfing. Daß er dem jungen Mädchen gegenüber mehr als nur Freundschaft empfand, lassen einige Sonette vermuten. Im Lissaer Sonettbuch von 1637 finden sich zwei »An eine hohen Standes Jungfraw« (XX und XXI) gerichtete Gedichte, die ganz offensichtlich einer bestimmten Person zugedacht sind. Sie wurden in die späteren Sonettbücher übernommen und tragen dort die Überschrift »An Eugenien«, die sie mit einer ganzen Reihe von Gedichten, in denen der Verfasser der Angeredeten seine Liebe bekennt, teilen. Sowohl die anfangs gewahrte Anonymität wie der später gewählte Name legen die Vermutung nahe, daß G. hierin der Tochter seines Gönners Schönborn huldigt – »Eugenia« bedeutet »die Schöngeborene« und spielt damit deutlich auf den Familiennamen an. Die Anonymität der frühen Fassung wird danach verständlich, mußte doch der noch auf Schönborn weilende Dichter angesichts der Vorliebe seiner Zeit für Versteckspiele dieser Art befürchten, sich zu verraten. Hinter Eugenie könnte sich freilich auch eine Freundin aus der Leidener Zeit verbergen. Dafür sprechen einige Epigramme. G. hätte dann die beiden Lissaer Sonette nachträglich auf das von ihm verehrte Mädchen bezogen. Eine Klärung dieser Frage mit philologischem Scharfsinn zu erstreben schiene müßig, wenn sie nicht mit einem Werk in Verbindung gebracht worden wäre, das im Schaffen des Dichters eine eigenartige Sonderstellung einnimmt. Wir werden daher auf diese Frage an anderer Stelle noch näher eingehen müssen.

Von dem Vertrauen, das man G. entgegenbrachte, zeugt die Aufgabe, mit der man ihn nach dem Tode Schönborns betraute; er durfte die beiden Söhne Schönborns zum Studium nach *Leiden* begleiten und erhielt damit die Möglichkeit, eine der damals bedeutendsten Universitäten Europas zu besuchen. Zusammen mit anderen Schlesiern traten sie im Mai 1638 die Reise an- sie führte zunächst nach Danzig und weiter über die Ost- und Nordsee nach Amsterdam. Ein solcher Umweg schien weniger gefahrvoll als eine Reise durch die vom Krieg überzogenen Länder. In der Nähe von Rügen freilich lernten sie in einem starken Sturm auch die Fährnisse einer Seefahrt kennen; G. hielt das Ereignis in einem Gedicht fest. Sie sind »den 18. Heumonats [Juli] bey Amsterdam ausgestiegen / da er / als in einer Stadt / die mehr dem Pluto als den Musen gewidmet / nicht lange gerastet / sondern den 22. zu Leiden außgetreten . . .« (Stosch, S. 30 f.). Am 26. Juli schrieb er sich zusammen mit drei Schönborns und einem weiteren Schlesier in das »Album Academicum« ein. Sein Name steht an erster Stelle, woraus folgt, daß er nicht als Famulus oder Ephorus mitreiste, und er gibt das im Matrikelbuch selten erscheinende Studienfach Philosophie an.

Gerade nach Leiden zogen in jener Zeit viele Deutsche, darunter zahlreiche Schlesier; im »Album Academicum« fehlt fast keiner der Namen, deren Träger zur geistigen Blüte Schlesiens beitrugen. Das hat mehrere Gründe; während allenthalben in den Territorialstaaten Deutschlands zu den bereits bestehenden Universitäten neue hinzukamen, besaß Schlesien keine eigene Alma mater. So blieb den Adepten der Wissenschaft nur der Ausweg, sich außerhalb Schlesiens nach einem geeigneten Studienort umzusehen. Die calvinistische Universität Leiden bot die meisten Vorzüge, galt sie doch als eine der liberalsten und führenden Stätten der Wissenschaft in Europa. Zu ihrem hohen Ansehen hatte ganz wesentlich *Justus Lipsius* beigetragen, dessen Ausgaben von Tacitus und Seneca die europäische Altertumswissenschaft entscheidend beeinflußten. Zugleich gilt er als bedeutender Vertreter des philosophischen Neustoizismus, der mit seinen Schriften »De constantia . . .« und den »Politicorum libri sex« auch auf das politische Leben der Zeit maßgeblich einwirkte. Nach G. Oestreich schuf er geradezu die Grundlagen für den frühmodernen Staat.

Kurz vor G.s Ankunft in Leiden und während seines Aufenthaltes lehrte Descartes in den Räumen des einstigen Klosters, das seit 1575 die Universität beherbergte, seine neue Philosophie. Daneben verhalfen über die Grenzen Hollands hinaus bekannte Professoren wie der Philologe und Jurist Salmasius, der Dichter und Historiker Heinsius und der Professor für Eloquenz Boxhornius, um nur einige Namen zu nennen, Leiden zu Weltruhm. Auf dem Gebiet der Medizin trat die Anatomie in jenen Jahren in den Vordergrund; sie wurde in Leiden durch den Bau des ›Theatrum anatomicum‹ sogleich nachhaltig gefördert. Schon Dilthey hob die herausragende Bedeutung dieser wissenschaftlichen Stätte hervor und sprach von der »ersten Universität im modernen Verstande«.

G. hat die einmalige Chance, die eine solche aufgeschlossene Universität bot, weidlich genutzt und erstaunliche Kenntnisse in den verschiedensten Wissensgebieten erworben. Er verschaffte sich Zugang zum Anatomischen Theater und machte sich mit dieser Disziplin vertraut, so daß er später in Breslau selbst »etliche Sectiones vorgenommen«; er trat in nähere Bekanntschaft nicht nur mit *Boxhornius, Heinsius* und *Salmasius,* sondern auch mit dem Mediziner *Heurnius* und dem Orientalisten *Golius* und hat in zahlreichen Disputationen einen Opponenten abgegeben, wie Stosch und Stieff melden. Letzteres mag sich vor allem auf Boxhorn beziehen, an dessen Monarchomachen-Auffassung er Anstoß nahm. G. betrachtete den Staat als eine von Gott gesetzte Ordnung und schloß sich der Auffassung von Salmasius an, mit dem er in nähere Verbindung trat. Leubscher zitiert eine Eintragung dieses Gelehrten in G.s »Album amicorum« unter dem 16. April 1640.

Daß G. schon bald auch als Lehrender hervortrat, weiß Stosch zu berichten, und er zählt eine Reihe von Kollegs auf, die in ihrer Spannweite nicht wenig in Erstaunen setzt:

Er habe »sein Scire oder Wissen bezeugen wollen / und vom Jahr 39. biß auffs 43. Jahr viel Collegia geöffnet / . . . Zu erst hat er gehalten ein Collegium Metaphysicum, Geographicum et Trigonometricum, Logicum, Physiognomicum et Tragicum: Ferner hat er Philosophiam Peripateticam und Neotericam in einem Collegio gegen einander gehalten / darauf ein Astronomicum, zu welcher Zeit er auch öffentlich eine Rede gehalten de rerum omnium Vanitate. Das 42. Jahr hat er Antiquitates Romanas erkläret / Partem Sphaericam Astronomiae vollendet. – Es sind von ihme gehöret worden erklären Philosophica Naturalia transplantatoria, darauff hat er ein Historisches / und denn ein Poetisches Collegium angeschlagen. In dem 43. Jahr . . . hat Er . . . ein Collegium Chiromanticum angeschlagen / item, Philosophiam naturalem cum Parte Theorica et Mathematica anfangen zu erklären. Darauff ein Collegium Anatomicum Practicum eröffnet«; Stosch schließt diese Aufzählung mit einer Feststellung, die niemand ernsthaft in Zweifel ziehen wird: »Wer wolte hieraus von seiner unvergleichlichen Wissenschaft nicht urtheilen?« (S. 31–33).

Auch Stieff berichtet von dieser umfangreichen Lehrtätigkeit und zählt die Kollegs in derselben Reihenfolge auf. Da ihm Schönborn »die Ehre und den Rang des höchsten Lehramtes in der Philosophie« übertragen hatte, war G. zur Abhaltung von Kollegs berechtigt, nur bedurfte es dazu noch der Genehmigung durch die Leidener Fakultät, und zwar auch dann, wenn die Veranstaltungen nicht in den Räumen der Universität, sondern beispielsweise im Hause des Lehrers, was des öfteren geschah, stattfanden. Im Gemeente Archief von Leiden habe ich die Fakultätsprotokolle aus den Jahren 1638–1644 durchgesehen, die häufig von derartigen Anträgen und den Stellungnahmen der Fakultät berichten; der Name von G. aber erscheint nicht in diesen Akten. Daraus geht m. E. eindeutig hervor, daß es sich bei G.s Kollegs um ganz private Veranstaltungen handelte, vielleicht um Repetierkurse, mit denen er seine Finanzen aufbesserte. Welchen Nutzen einige seiner Hörer daraus zogen, erwähnt Leubscher nicht ohne einen leisen Tadel am Ende seiner Biographie: »Scholas Geographicas, Opticas, Astronomicas, Chiromanticas, Auditoribus qvondam Lugduni Bat. privatis propositas dignasqve qvibusdam, visas, qvas sine Auctoris nomine Commentariis suis inserent« (S. 66).

In der Collegien-Liste verdient ein Thema besondere Aufmerksamkeit; wenn es dort heißt, daß er die peripatetische und neoterische Philosophie gegeneinander gehalten habe, so darf man fragen, welche ›neue‹ Philosophie er der alten aristotelischen entgegensetzte. *H. Schöffler* war überzeugt davon, daß G. in den Bannkreis des in Leiden lehrenden *Descartes* geriet und eine Reihe von Gedanken des Philosophen sofort übernahm. *H. Powell* bestritt dies, nahm jedoch an, daß G. sich zu den neuen naturwissenschaftlichen Erkenntnissen und im Prinzip zur doppelten Wahrheit im Sinne *Bacons* bekannte. Dieser Vermutung hat *H.-J. Schings* mit gewichtigen Argumenten widersprochen, ohne freilich auf alle von Schöffler aufgeworfenen Fragen einzugehen.

Konsens besteht neuerdings darin, daß G. für die modernen Naturwissenschaften außerordentliches Interesse bekundete und sich von der Verdammung theoretischer Neugier freihielt. Als Beleg hierfür gilt besonders der vieldiskutierte Lobpreis auf Copernicus, wonach dessen Erkenntnisse »der alten träum vnd dünckel« widerlegten (1. B. Epigr. Leiden 1643). Man halte dagegen die vorsichtige Stellungnahme Harsdörffers in der Fortsetzung der »Mathematischen und Philosophischen Erquickstunden« von 1651 (7. Aufgabe), in der die »Beweise« für die alte, auf biblische Autorität gestützte Auffassung überwiegen und als Fazit die Worte von Grotius zitiert werden, daß die unterschiedlichen Meinungen der Schwachheit des menschlichen Verstandes beizumessen sind und die Menschen »durch soviel Zweiffelursachen irrig gemacht / bekennen müssen / sie wissen keine Gewißheit« (S. 283–289). Und im »Simplicissimus« wird dem Helden von den weisen Bewohnern des Mummelsees bedeutet, daß er die gelehrte Meinung des Copernicus »sich als eine gehabte Einbildung« und einen »eitlen Traum« sein lassen solle (5. Buch, Cap. XVI). Im Vergleich zu G.s holländischer Vorlage für sein Copernicus-Gedicht wird freilich sogleich deutlich, daß er mit der Einbindung menschlicher Erkenntnis in die göttliche Weltordnung sich von einem modernen, pragmatisch orientierten Wissenschaftsoptimismus entschieden abhebt.

Salmasius bezeichnet in der bereits erwähnten Eintragung G. als einen »ausgezeichneten Dichter«. Als solchen weisen ihn in der Tat seine Gedichtsammlungen aus, die er während seiner Leidener Zeit veröffentlichte: 1639 erschienen die »Son- undt Feyrtags-Sonnete«, 1643 je ein Buch »Sonnete« und »Oden« sowie eine Sammlung deutscher und eine zweite lateinischer »Epigramme«. Die Sonn- und Feiertags-Sonette kamen nach einer Angabe des Dichters in dem damals bedeutenden Verlag Elzevier heraus. Über den Verlag der übrigen Bücher gibt es keine genauen Angaben. Die Verlagsverzeichnisse der Elzevierschen Offizin nennen kein einziges Werk von G. Da bei Franz Heger 1643 und 1644 zwei Werke ediert wurden, die je ein Gedicht von G. enthalten, hat man vermutet, daß dort auch einige der anderen Ausgaben entstanden.

Der in der ›Clocksteeg‹ gelegene Verlag Heger existierte erst seit wenigen Jahren; der Chef des Hauses war ein Studiosus, dem es auf diese Weise gelang, seine Studien zu finanzieren.

Was schon das Lissaer Sonettbuch ahnen ließ, wurde durch die neuen Veröffentlichungen während der Leidener Jahre zur Gewißheit. Mit G. besaß das damalige Deutschland einen seiner bedeutendsten Lyriker. Von entscheidendem Einfluß war der Aufenthalt in Holland darüber hinaus auch für den späteren Dramendichter; eben damals entstanden die großen Dramen *Joost van den Vondels* (1587–1679), die zum festen Repertoire des neueröffneten Amsterdamer Theaters gehörten. G. übersetzte dessen »De Gebroeders« wohl schon in Leiden und unternahm später eine eigene Bearbeitung dieses Stoffes, die unvollendet blieb. Für eine Reihe von Werken des Schlesiers ist zudem der Einfluß Vondels deutlich nachweisbar. Daneben verdankte er Anregungen den Stücken *Brederos,* die ebenso wie die Werke *Hoofts* in jener Zeit zahlreiche Aufführungen erlebten.

In die Leidener Jahre fällt auch die nähere Bekanntschaft mit seinem Landsmann *Christian Hoffmann von Hoffmannswaldau,* der ebenfalls 1638 die berühmte Universität bezog und sich ein Jahr in der Stadt aufhielt. Diese Begegnung der in Charakter und Lebenshaltung so unterschiedlichen Männer entwickelte sich zu einer Freundschaft, die ein Leben lang andauerte; so erhielt dank der Vermittlung Hoffmannswaldaus G., der im »Theatrum anatomicum« in Leiden sich von dem Nutzen zergliederter Mumien für die Medizin überzeugt hatte, die Erlaubnis zur Sektion der in der Magdalenischen Bibliothek von Breslau aufbewahrten Mumien.

Gleichfalls·schon in Holland wurde die Verbindung zum pfälzischen Herrscherhaus geknüpft, der G. ohne Zweifel eine Reihe ehrenvoller Angebote verdankte. Seine überarbeitete Fassung des »Olivetum« widmete er dem Brandenburgischen Kurfürsten *Friedrich Wilhelm,* der sich 1634 zum Studium nach Leiden begeben hatte, sowie der Pfalzgräfin *Elisabeth,* die ihm – so Leubscher – sehr oft die Gnade eines Gesprächs erwiesen hat (S. 61). Elisabeth, die Cousine des Brandenburgers und Tochter des Winterkönigs, lebte mit zahlreichen Angehörigen des Pfälzer Hofes seit 1627 in den Haag; sie hatte entscheidenden Anteil an der Verbreitung der Philosophie Descartes' in Europa, der ihr seine »principia philosophiae« dedizierte. Ihr Bruder *Karl Ludwig von der Pfalz* bot 1648 G. eine Professur der Universität Heidelberg an, und ihr Cousin *Friedrich Wilhelm von Brandenburg* versuchte zur gleichen Zeit, ihn für die Universität Frankfurt an der Oder zu gewinnen. Durch seinen »Carolus Stuardus« wurden die Bande zum pfälzischen Hause noch enger; der ermordete König Karl I. war ein Bruder der Mutter von Elisabeth, die ebenfalls in den Haag Zuflucht gefunden hatte. Außerdem bestanden Beziehungen zu einer in Crossen wohnenden Schwester des Winterkönigs, wo der Stiefbruder Paul G. das Amt des Superintendenten inne hatte, und zu *Elisabeth Marie Charlotte von Pfalz-Simmern,* der Gemahlin Herzog Georgs III. zu Brieg und Liegnitz. Anläßlich ihrer Vermählung schrieb G. das Mischspiel »Verliebtes Gespenste« und »Die gelibte Dornrose«, das 1660 in Glogau aufgeführt wurde.

Elisabeth Marie Charlotte war eine Base der mit Descartes befreundeten Elisabeth von Pfalz; der letzteren (nicht Elisabeth Marie Charlotte, wie Szyrocki in der Ausgabe der Sonette anmerkt) widmete G. das »Olivetum«.

Stellt der Aufenthalt in Holland einen Höhepunkt in G.s Leben dar – er trat mit nicht weniger als fünf Gedichtsammlungen an die Öffentlichkeit, empfing nachhaltig Anregungen für sein weiteres Schaffen und machte die Bekanntschaft bedeutender Persönlichkeiten –, so fehlen doch auch hier nicht Ereignisse, die auf den Glanz jener Tage einen Schatten warfen. In Leiden erfuhr G. vom Tode seines Stiefbruders Paul (21. Nov. 1640) – wie furchtbar ihn diese Nachricht getroffen hat, lassen einige seiner Gedichte erkennen. Zum seelischen Schmerz gesellte sich eine körperliche Krisis; im Winter 1640/41 erkrankte er so schwer, daß ihn die Ärzte aufgaben. In mehreren Sonetten hat er die Gefühle, die den auf den Tod sich Vorbereitenden bedrängten, festgehalten.

Ein anderer Vorfall erscheint weniger gravierend, aber mag unangenehm genug für ihn gewesen sein. Wie schon erwähnt, reisten zusammen mit G. die zwei Söhne Georg Friedrich und Johann Christoph seines verstorbenen Gönners Schönborn nach Leiden, um dort Jura zu studieren. Ihr Verhalten aber gereichte der schlesischen Landsmannschaft nicht eben zur Ehre: Georg Friedrich wurde wegen eines Einbruchs in das Haus einer Witwe 1641 aus der Liste der Studierenden gestrichen und für zwölf Jahre relegiert, und Johann Christoph hatte sich ein Jahr vorher sogar des Totschlags im Duell schuldig gemacht. Das akademische Gericht verwies Johann Christoph Schönborn des Landes unter Androhung der Todesstrafe, falls er zurückkommen sollte (so die Eintragung am Rande von S. 203 zu Georgius Fredericus und Christopherus à Schönborn im »Catalogus Studiosorum Academiae Leydensis«; ein ausführliches Protokoll über die Verhandlung befindet sich im Gerichtsarchiv in den Haag). Der Vorfall führte indessen nicht zu einem Bruch zwischen Johann Christoph Schönborn und G.; Johann Christoph zählte in späterer Zeit zu den besten Freunden des Dichters und nahm ihn 1656 auf seinem Landgut auf, als eine furchtbare Pestepidemie in Schlesien wütete.

Nach seinem fast sechsjährigen Aufenthalt in Leiden – die Annahme, daß G. noch einmal kurz nach Schlesien zurückkehrte, ist unwahrscheinlich – brach er Anfang Juni 1644 zu einer Reise durch *Frankreich* und *Italien* auf. Beide Länder gehörten zu den bevorzugten Zielen von Bildungs- bzw. Kavaliersreisen in jener Zeit. In Gesellschaft des Dichters befanden sich *Wilhelm Schlegel,* der Sohn eines pommerschen Kaufmannes, und vier junge Adlige. Die Bekanntschaft mit Schlegel hatte der Mediziner Origanus, ein Freund von Paul Fleming, vermittelt. Über die nun folgenden Jahre geben die Biographen nur sehr sparsam Auskunft. Am 3. Juli erreichte die Gesellschaft *Paris,* »der Könige in Franckreich Residentz-Stadt / und Paradieß aller Ergetzlichkeit« (Stosch, S. 35). Nach derselben Quelle soll sich G. insbesondere für die prächtige Bibliothek des 1642 verstorbenen Kardinals Richelieu interessiert haben. Das ist alles, was wir über die in Paris verbrachten Monate wissen. Ob er in Verbindung mit den vom Hôtel de Rambouillet ausgehenden Salons trat, bleibt mehr als zweifelhaft, und nur seine nähere Beschäftigung mit den damals vieldiskutierten Werken *Corneilles* darf als sicher angenommen werden. Genaueres wissen wir auch nicht über den Termin der Weiterreise; Stosch schreibt, daß die Reisenden von Paris »auff andere Orte sich gewendet / zu Angiers eine Zeit verwartet / den andern Novembr. aber von dannen auffgebrochen / und auff Marsilien kommen; von dannen sie ein Schiff nach Italien auff Florentz geführet« (S. 35). Waren sie schon im August 1644 und damit bei der Ankunft der Königin von England und Gemahlin des 1649 hingerichteten Karl I. in Angiers? Ein diesem Ereignis gewidmetes Sonett von G. legt dies nahe, doch könnte es auch zu einem späteren Zeitpunkt an diesem Ort in Erinnerung an das traurige Schicksal der Königin entstanden sein. Mit dem »anderen November« ist eindeutig der November des Jahres 1645 gemeint, da Stosch unmittelbar danach schon von den Ereignissen des folgenden (46.) Jahres berichtet. Von Marseille aus also erreichten sie zu Schiff Oberitalien, und am 19. Dezember 1645 besichtigten sie die großherzogliche Kunstkammer in *Florenz*. Die weiteren Stationen sind – nach Stosch – *Rom*, das sie Anfang 1646 erreichten, und *Tusculum*, wo sie am 1. März ankamen und die »delicatesten Gärten Aldobrandini . . . wie auch seinen köstlichen Pallast beschauet« (S. 35). Leubschers Bericht ergänzt diese knappen Angaben durch den Hinweis, daß er die Hauptstadt Latiums bewundert und dort die Bekanntschaft des hochgelehrten *Athanasius Kircher* gemacht habe (S. 59). Was ihn in Rom besonders beeindruckte, halten einige Sonette fest – eins gilt den Katakomben der »Heiligen Martyrer zu Rom«, ein anderes, »Als Er auß Rom geschieden« überschrieben, gibt seinen Gesamteindruck wieder: von der Stadt, in der man alles sieht »Was die Natur erdacht / was je ein Mensch gelesen«, erwähnt er besonders die »Wunder der gemäld«, die »prächtigen Palläst«, den »herrlichen Vatican«, und er schließt:

»Ihr Bücher / Gärten / grüfft'; Ihr Bilder / Nadeln / Stein / Ihr / die diß vnd noch mehr schliß't in die Sinnen eyn / Ade! Man kan euch nicht satt mit zwey Augen schawen« (S. 87).

Mit dem ebenso gelehrten wie einfallsreichen Jesuiten Kircher hat er später korrespondiert und dessen Ausführungen über ägyptische Mumien einer kritischen Prüfung unterzogen. Gleichfalls bekannt wurde er in Rom mit Ritter *Borrhi*, einem Mitglied desselben Ordens und umstrittenen Wunderdoktor, den er später aus Schlesien wegen seiner kranken Tochter um Hilfe anging.

Die Rückreise führte am 15. April 1646 erneut durch *Florenz* und weiter über Bononien, Ferrara und Francolino nach *Pulicella* in der Po-Ebene, »von dannen bey widrigem Winde nach Venedig / da den 22. April ihnen der S. Marcus Schatz gewiesen worden« (S. 36). Am 9. Mai überreichte er einer »berühmten Versammlung« dieser von den deutschen Dichtern jenes Jahrhunderts immer wieder bewunderten Stadt sein lateinisches Epos »Olivetum«, das er in Florenz drucken ließ. Wer das *Venedig* jener Tage besuchte, wird sich gewiß die glanzvollen Opernaufführungen nicht haben entgehen lassen, denen schon bald die Theater anderer europäischer Länder nachzueifern suchten. Hinzu kamen nicht minder beachtliche Aufführungen der commedia dell'arte: ihr Einfluß auf die Komödien des G. ist erwiesen.

Wann er Italien endgültig verließ, steht nicht fest, doch dürfte er schon bald die Heimreise angetreten und längere Zeit – mindestens ein halbes Jahr – in *Straßburg* verweilt haben. In den Archiven und Bibliotheken von Straßburg finden sich leider keine Unterlagen über den Aufenthalt des Dichters in dieser Stadt. Daß er gerade hier Wohnung nahm, kann nicht verwundern; wieder war es die Universität mit bedeutenden Gelehrten, die ihn anzog. Schon zwanzig Jahre vorher hatte Harsdörffer hier einen großen Lehrer gefunden; jetzt wirkten die Theologen *Johannes Dorsch* und *Johannes Schmid,* der Professor der Eloquenz *Dannhauer,* der Historiker *Johann Heinrich Boecler* und die Juristen *Johann Rebhan* und *Gregor Biccius* an der Universität Straßburg. G. stand mit ihnen in engem Kontakt und wohnte im Hause von Biccius. Für Boecler, der der deutschen Dichtung große Aufmerksamkeit schenkte und in der ausufernden Machiavellismusdebatte der Zeit entschieden eine christliche Opposition vertrat, setzte er sich bei Salmasius ein. Er benutzte die Straßburger Monate zur Vollendung seines ersten Trauerspiels »Leo Armenius« und fand in Caspar Dietzel einen Verleger, dem er die Früchte seines bisherigen Schaffens – die lateinischen Epen ausgenommen – überließ. Da Dietzel in finanzielle Schwierigkeiten geriet, brachte ein Frankfurter Verleger ohne G.s Wissen die um einige fremde Beiträge vermehrte Ausgabe heraus.

Am 25. Mai 1647 reiste er aus Straßburg ab. Auf dem Wege nach Holland machte er in Speyer, wo er das Reichskammergericht besichtigte, danach in Mainz, Frankfurt und Köln offenbar nur für kurze Zeit halt. In *Leiden* traf er noch einmal mit Salmasius zusammen, dem er ein Schreiben Boeclers überbrachte. Dann wählte er erneut den Schiffsweg – in *Stettin* ging er am 25. Juli an Land, gemeinsam mit seinem Freunde Schlegel, der ihn auf der ganzen Reise begleitete und in dessen Hause er freundliche Aufnahme fand. Hier begann er mit der Arbeit an seinem zweiten Trauerspiel »Catharina von Georgien«, bevor er am 8. November in seine schlesische Heimat aufbrach.

Am 20. November erreichte er *Fraustadt.* Dort lebte noch immer sein Stiefvater *Eder,* freilich in einem bejammernswerten Zustand; er war seit Jahren gelähmt und, da er das geistliche Amt nicht mehr versehen konnte, ohne ausreichende Mittel. Daß G. in Fraustadt, wo er die nächsten Jahre blieb, eine feste

Tätigkeit ausübte, scheint unwahrscheinlich. Hier erreichten ihn 1648 die bereits erwähnten Berufungen an die Universität Frankfurt (als Professor der Mathematik) und Heidelberg, während ihm der schwedische Gesandte in Holland eine Professur in Upsala versprach, wohin inzwischen auch Boecler berufen worden war. G. lehnte wahrscheinlich deshalb ab, weil man ihm bereits das verantwortungsvolle Amt eines Syndicus' in Glogau angetragen oder in Aussicht gestellt hatte.

Am 27. November 1648 verlobte sich G. mit *Rosine Deutschländer*, der Tochter eines »vornehmen Rathsverwandten und Handelsmannes in Fraustadt«, am 12. Januar 1649 fand die Hochzeit statt. Aus ihrer Ehe gingen sieben Kinder hervor; vier davon – Konstantin, Theodor, Maria und Elisabeth – starben schon sehr früh; Daniel fand als 24jähriger in Neapel den Tod; Anna Rosina erkrankte mit fünf Jahren offensichtlich an Kinderlähmung und mußte in einem Hospital untergebracht werden. Der älteste Sohn *Christian* eiferte dem Vater als Gelehrter und Dichter nach; er gab 1698 G.s gesammelte Werke heraus und erbte die Bibliothek.

Über G.s Amtsantritt in *Glogau* heißt es bei Stosch: »Weil denn auch der Selige / nach Beschauung so vieler Länder und Leute / wo ihme sein Glück offters herrlich geblühet / sich dennoch nicht fesseln lassen / sondern dem Vaterlande devot geblieben / ist solches auch danckbarlich bedacht gewesen / wie es die hohe Erudition und treues Gemüthe wol gebrauchen möchte / und wolbedachtsam ihme das Landes-Syndicat des Glogauischen Fürstenthums angetragen: massen er denn wuste / daß er nicht ihme geboren / sondern ein vieles Theil der Geburts-Erde schuldig sey / auch seine erlangete Wissenschaft nicht otios seyn könte / hat Er sich gegen dieser offert ehrerbietig geneiget / und versprochen / der hochlöblichen affection und Ansuchen sich zueignen und unterwerffen. Worauff den 3. May . . . er . . . dieses schwere Ampt im Nahmen des Höchsten angetreten« (S. 39).

Stosch gibt hier keine Jahreszahl an; da er im vorangehenden Abschnitt das Hochzeitsdatum 12. Januar 1649 nennt, hat man in der Literatur des öfteren angenommen, daß G. im Mai 1649 sein Amt übernahm. Die von Leubscher wie auch von Lindner überlieferte Inschrift auf dem Grabmal des Dichters spricht m. E. eindeutig für 1650 als Jahr seines Dienstantrittes. Dort wird nämlich zwischen dem Zeitraum seiner Ehe und dem seiner Dienstjahre deutlich unterschieden:

»Inde in patriam reversus, memorato Syndicatus munere per XIV. Annos cum applausu omnium nitide functus«. Kurz darauf heißt es: »Nec

Conjugio infelix: Qvippe cum Lectiss. Foemina Rosina Deutschlende-
ria Senat. Fraust. Filia vixit XV. annos sine qverela . . .« (S. 67).

In den knapp zweiundeinhalb Jahren, die zwischen seiner
Rückkehr von der Reise und der Übernahme der Glogauer Ver-
pflichtung liegen, schuf G. sein eigenwilligstes Trauerspiel
»Cardenio und Celinde«, und unter dem ihn wie zahlreiche
Zeitgenossen erschütternden Eindruck der Hinrichtung Karls I.
von England (am 30. Januar 1649) das Märtyrerdrama »Carolus
Stuardus«, mit dem er zugleich massive politische Absichten
verfolgte. Wohl nur kurze Zeit vorher versuchte er sich zum erstenmal in der Gattung der Komödie: er begann den »Peter
Squentz« des Altdorfer Professors *Daniel Schwenter* zu überar-
beiten und nahm im Scherz-Spiel »Horribilicribrifax« die bramarbasierenden Soldaten aufs Korn, denen das Kriegsende ernste Existenzsorgen bereitete.

Als *Glogauer Syndicus* war G. der Rechtsberater der Landstände, denen es vor allem darum ging, ihre Interessen gegen
zentralistische Bestrebungen zu wahren. Ähnlichen Aufgaben
widmeten sich in Breslau Hoffmannswaldau und Lohenstein –
G.s Amt erforderte großes diplomatisches Geschick, zumal das
Fürstentum Glogau unter der Oberhoheit des Kaisers stand.
Und eben damals suchten die Habsburger die Gegenreformation weiter voranzutreiben. Dabei kam es zur Schließung zahlreicher protestantischer Kirchen. Mit dem Bau dreier schlesischer Friedenskirchen verwirklichten die Anhänger des Refor-
mators, was ihnen vertraglich zugesichert worden war. Eine davon entstand vor den Toren Glogaus; bei ihrer Grundsteinle-
gung am 10. Dezember 1651 hielt G. eine Rede. 1653 veröffentlichte er die »Landes Privilegia« des Glogauischen Fürstentums,
eine Sammlung von Urkunden, derer er sich bei seinen schwie-
rigen Aufgaben bedienen mußte. Im selben Jahr wurden er und
einige Mitglieder der Stände im Zusammenhang mit der Einzie-
hung evangelischer Kirchen durch die Habsburger verhaftet.

Trotz der aufreibenden Arbeiten zum Wohle seines Landes –
nach Stieff war er »früh in Berathschlagungen, zu Mittage öfters
bey Gastmahlen, nach Mittage mit Besuchungen active und pas-
sive überhäuffet« – wurde er dem *Dichterberuf* nicht untreu; es
ist erstaunlich viel, wozu er in jenen Jahren noch Zeit fand: zwischen 1657 und 1659 schrieb er sein letztes großes Trauerspiel
»Papinianus«; ungefähr zur gleichen Zeit begann er seinen »Carolus Stuardus« umzuarbeiten. 1659 und 1660 entstanden die
Übersetzung von Thomas Corneilles »Schwermender Schäf-

fer«, das Mischspiel »Verlibtes Gespenste / Die gelibte Dorn-rose« und das Lustspiel »Piastus«. Das Mischspiel wurde wahr-scheinlich auf Bestellung verfaßt; mit ihm ehrte Glogau den regierenden Herzog Georg III. und dessen Braut Elisabeth Ma-ria Charlotte, die auf ihrem feierlichen Zuge von Crossen nach Liegnitz 1660 die Oderstadt passierten. Mit dem »Piastus« hul-digte G. dem Bruder und der Schwägerin Georgs III. Schon sie-ben Jahre früher war er mit einer ähnlichen Gelegenheitsarbeit hervorgetreten. 1653 erschien das Freudenspiel »Majuma«, zur Feier der Königskrönung Ferdinands IV. verfaßt.

Seine Amtsgeschäfte machten des öfteren Reisen in das nahe-gelegene *Breslau* erforderlich. So mußte Glogau z. B. einen Teil seiner Steuereinnahmen an die Breslauer Rentkammer abfüh-ren. G. war dieser Stadt schon deshalb verbunden, weil hier die meisten seiner Trauerspiele auf der Bühne des Elisabeth-Gym-nasiums zur Aufführung gelangten. So sind Vorführungen von »Leo Armenius«, »Catharina von Georgien«, »Cardenio und Celinde«, »Papinianus« (1660 siebenmal) und »Die Gibeoniter« (fünfmal) durch das bedeutende Breslauer Schultheater be-zeugt. In dieser Stadt traf er auch seinen alten Freund *Hoff-mannswaldau,* der zusammen mit *Burckhard von Löwenburg* für ihn die Erlaubnis erwirkte, »eine gantze Mumie auf das sorg-fältigste zu zergliedern«. Die Sektion fand »in Gegenwart meh-rer vornehmen und gelehrten Leute den 7. Decemb. an. 1658« statt (Stieff, S. 609). In einem lateinischen Werkchen »Mumiae Wratislavienses« (erschienen 1662) legte G. von dieser Arbeit Rechenschaft ab. Auch mit *Daniel von Czepko,* den er in einem Briefgedicht einen unsterblichen Dichter nennt, verband ihn bis zu dessen Tode 1660 eine enge Freundschaft. Czepko setzte sich für die Sache der unterdrückten Protestanten in Schweidnitz-Jauer ein und war für die auch von G. verehrten Piastenherzöge tätig. Seine unorthodoxe Religiosität führte offenbar dazu, daß seine Werke zu Lebzeiten nicht im Druck erschienen.

Als 1656 eine verheerende Pestepidemie ganz Schlesien heim-suchte, zog G. mit seiner Familie vorübergehend auf das Land-gut seines Freundes *J. Christoph Schönborn.* Er dürfte diesen Aufenthalt dazu benutzt haben, seine bis dato vollendeten Dichtungen zu sammeln und für den Druck vorzubereiten, denn im folgenden Jahre kam eine erste Gesamtausgabe »An-dreae Gryphii Deutscher Gedichte Erster Teil« in Breslau her-aus, in der freilich die Lustspiele »Herr Peter Squentz« und »Horribilicribrifax« fehlten. Vollständiger war die Ausgabe letzter Hand von 1663 (»Freuden und Trauer-Spiele auch Oden und Sonnette«), die G. ebenfalls selbst betreute. In diese Zeit fiel ferner die Übersetzung von mehreren frommen Betrachtungen des Engländers Richard Baker.

Am 16. Juli 1664 ereilte ihn der *Tod*, »da Er in seinem Beruff auff dem Land-Hause begriffen gewesen«. Er starb mitten in einer Sitzung der Landstände am »plötzlichen Schlag-Flusse . . . als Er sein Alter gebracht auff 48. Jahr / weniger 11. Wochen / und 1. Tag« (Stosch, S. 47). Zwei Jahre vorher ehrte ihn die bedeutendste Sprachgesellschaft, der »Palmenorden«, durch seine feierliche Aufnahme, die sein Freund J. W. von Stubenberg beantragt hatte; G. erhielt den Beinamen ›Der Unsterbliche‹.

Die späte, überaus ehrenvolle Auszeichnung wurde einem Manne zuteil, der in vielen Zügen repräsentativ für sein Zeitalter steht, zugleich aber als Dichter einmalige Eigenschaften verrät. Die privaten und politischen Erfahrungen münden schon bald in ein »radikal ausgelegtes Luthertum«, das auch in der Formstrenge humanistischer Provenienz noch unmittelbar zum Ausdruck kommt. Grundgestus seiner Dichtung bleibt eine christliche Weltklage, die sich weit über ein rhetorisch vorgegebenes Rollenmuster erhebt. Das hindert ihn indessen nicht daran, sich denen verbunden zu fühlen, die in Konfession wie poetischer Praktik andere Wege gehen. Daß er Spannungen von erstaunlichem Ausmaß auszutragen vermag, beweist nicht zuletzt seine politische Tätigkeit. Nötigen ihn persönliche Fährnisse und Verfolgungen der Glaubensgenossen zum Widerspruch gegen die Herrschenden, so fühlt er sich dennoch zur bedingungslosen Loyalität eben den Herrschenden gegenüber verpflichtet – wohl aus einem Ordo-Denken heraus, in dem Bekenntnishaftes und politischer Pragmatismus verschmelzen. Daß er die barocke Tragödie sogleich auf ihren Höhepunkt führt, hängt damit eng zusammen.

Christian G., der 1698 eine Sammlung von Dichtungen seines Vaters veranstaltete (»Andreae Gryphii um ein merckliches vermehrte Teutsche Gedichte«) und zu dem bereits Bekannten eine Reihe unbekannter, aus dem Nachlaß stammender Schöpfungen hinzufügte, informiert uns wie der spätere Biograph Leubscher über Arbeiten, die nicht mehr vollendet werden konnten oder durch die Ungunst der Umstände verlorengingen. Danach fehlten bei einer Tragödie über den Schlesischen Herzog Heinrich II. nur noch die Anmerkungen und die Chöre. Leubscher spricht von einer Hedwigs-Tragödia; sie könnte mit der Heinrichs-Tragödie identisch sein (Hedwig war die Mutter Heinrichs II. und wurde als Heilige verehrt). Eine weitere Tragödie, den Untergang der Familie Sauls behandelnd, war bis zum 5. Akt gediehen. Außerdem soll G. an einem Ibrahim-Drama gearbeitet haben. Von einem Lustspiel »Die Fischer« besaß Christian ein »gantz verwirrtes Concept«; da aber die Abschriften dieses Werkes beim Glogauischen Brande vernichtet worden waren, sah er sich gezwungen, auf einen Abdruck der Komödie zu verzichten (Werke 1698, Vorrede). Nach Angaben Leubschers hinterließ G. ferner die fast vollendete Schrift »Exercitationes Theologico-Philologicae de Cruciatibus et Morte Salvatoris«, bei der es sich um ein gemeinsames Unternehmen mit dem gelehrten Freund Johnston handeln könnte, sodann die »Schediasma de Judiciis Publicis sive Poenis veterum« sowie »Annotata in Rosini et Dempsteri Antiquitates Romanas«. Als Plan erwähnt er eine Geschichte der deutschen Kriege, an der die Arbeit durch den Tod »schon vor ihrem eigentlichen Beginn zum Erliegen« kam (Leubscher, S. 65 f.). In die frühen Jahre gehört die Arbeit an einem Buch »Meletomenus«, während das zeitkritische Werk »Eusebia« nur als Plan existierte. Eine Abhandlung »De igne non Elemento« fiel den Flammen zum Opfer.

Eine »eigne lateinisch-verfertigte Lebens=Beschreibung« (Stieff), die Leubscher herausgeben wollte, und ein Traktat über Gespenster, »Dissertationes de Spectris«, gingen offensichtlich verloren. Leubscher vermutet beim Traktat, daß er »von frecher Hand unterschlagen worden« sei; Stieff weiß ergänzend zu berichten, daß er Hoffmannswaldau vorgelegen habe, »aber nachgehends in fremde Hände so unglücklich gekommen, daß der einige Herr Sohn keinen Buchstaben mehr davon gesehen.« Nur aus einer Erwähnung des Dichters in der Vorrede zum vierten Buch der »Oden« wissen wir von einem Werk unter dem Titel »Golgatha«. Daß G. außer dem postum erschienenen 14 Leichabdankungen (1666 gedruckt) noch zahlreiche Leichenreden gehalten hat, heben sowohl Leubscher wie Stieff hervor mit dem Hinweis, daß sie nur in ganz groben Zügen vom Dichter entworfen worden sind (vgl. dazu auch den neueren Fund einer Abdankung).

Auf mögliche zusätzliche Informationen – etwa über besondere Interessen des Dichters oder ihm bekannte Quellen –, die aus dem Versteigerungskatalog des Sohnes Christian »*Catalogus Bibliothecæ Gryphianæ . . .*« aus dem Jahre 1707 gewonnen werden könnten, ist mit Recht hingewiesen worden. Obschon mit Sicherheit nur gesagt werden kann, welche Bücher wegen des Erscheinungsjahres nicht mehr vom Vater erworben wurden, bleiben doch einige Fakten bemerkenswert. Stammt der überwiegende Teil von Texten in französischer Sprache erst aus der Zeit nach 1664, so bilden die »Poetæ, Comici . . .« eine Ausnahme, da mehr als die Hälfte ein früheres Erscheinungsjahr zeigt. Ähnliches gilt auch von den Büchern in italienischer Sprache. Besonders hoch ist zudem der Anteil an politischen Schriften mit Druckjahren vor 1664, darunter die Werke von Machiavell, Hobbes, Bodin und die antihabsburgische Streitschrift des Philipp von Chemnitz. Bei holländischen Büchern fällt auf, daß Ausgaben von Poeten oft ein Erscheinungsjahr aus der Aufenthaltszeit des Dichters in Holland zeigen. (Exemplare des *Catalogus* sind in der Univ.-Bibl. in Wrocław vorhanden).

Literatur:

[1] F. *Strehlke:* Leben und Schriften des A. G. In: Archiv f. d. Studium d. neuer. Sprachen u. Literaturen 22 (1857), S. 81 ff.

[2] T. *Wissowa:* Beiträge zur Kenntnis von A. G.s Leben u. Schriften. In: Festschr. z. 250jähr. Jubelfeier d. . . . . Gymnasiums zu Glogau. 1876, S. 53 ff.

[3] H. *Palm:* Leben des Dichters. In: A. G.: Lyrische Gedichte. (Bibl. d. Litt. Vereins in Stuttgart. Bd. 171). 1884, S. 590 ff. [Vgl. auch ADB, Bd. 10, S. 73 ff.]

[4] F. *Friedensburg:* Schlesier in der Fruchtbringenden Gesellschaft. In: Ztschr. d. Vereins f. Gesch. u. Alt.. Schlesiens 27 (1893), S. 117 ff.

[5] M. *Schlesinger:* Geschichte des Breslauer Theaters, Bd. 1, 1898.

[6] P. *Haake:* A. G. u. seine Zeit. In: Archiv f. d. Studium d. neuer. Sprachen u. Literaturen 103 (1899), S. 1 ff.

[7] M. *Hippe:* Aus dem Tagebuch eines Breslauer Schulmannes im 17. Jh. In: Ztschr. d. Vereins f. Gesch. u. Alt. Schlesiens 36 (1902), S. 159 ff.

[8] V. *Manheimer:* Materialien zur Biographie des G. In: V. M.: Die Lyrik des A. G. Studien u. Materialien. 1904, S. 209 ff.

[9] C. T. *Strasser:* Aus Czepkos Kreise. In: Münch. Mus. 1 (1972), S. 241 ff. [erstmals 1912]

[10] W. *Flemming:* Theatereindrücke im Leben des A. G. In: W. F.: A. G. u. die Bühne. 1980, S. 9 ff [erstmals 1921]

[11] W. *Schieck:* Studien zur Lebensanschauung des A. G. Diss. 1924.

[12] F. *Gundolf:* A. G. 1927.

[13] P. *Hankamer:* Die Sprache, ihr Begriff und ihre Deutung im 16. und 17. Jh. 1927.

[14] K. *Viëtor:* Probleme der deutschen Barockliteratur. (Von dt. Poeterey Bd. 3). 1928 [erstmals 1926]

[15] R. *Alewyn:* Karl Viëtor, Probleme der deutschen Barockliteratur. In: Deutsche Barockforschung ³1968, S. 421 ff. [erstmals 1928]

[16] *P. Merker:* A. G. In: Schlesische Lebensbilder Bd. 3, 1928, S. 109 ff.
[17] *W. Jockisch:* A. G. und das literarische Barock (German. Studien H. 89.) 1930.
[18] *H. Pliester:* Die Worthäufungen im Barock. 1930.
[19] *E. Schlosser:* A. G. Seine Persönlichkeit und Weltanschauung. Diss. 1931.
[20] *A. Strutz:* A. G. Die Weltanschauung eines deutschen Barockdichters. (Wege zur Dichtung. Bd. 11.) 1931.
[21] *G. Lazarus:* Die künstlerische Behandlung der Sprache bei A. G. 1932.
[22] *G. Fricke:* Die Bildlichkeit in der Dichtung des A. G. Materialien und Studien zum Formproblem des deutschen Literaturbarock. (Neue Forschungen 17.) 1967 [erstmals 1933]
[23] *R. Biscardo:* A. G. 1936.
[24] *E. Trunz:* Dichtung und Volkstum in den Niederlanden im 17. Jh. (Schriften d. Dt. Akademie in München. H. 27.) 1937.
[25] *M. Praz:* Studies in seventeenth century Imagery. Vol. I u. II, 1939 u. 1947.
[26] *H. Schöffler:* Deutscher Osten im deutschen Geist. Von Martin Opitz zu Christian Wolf. (Das Abendland. Bd. 3.) 1940. – 2. Aufl. unter d. Titel: Deutsches Geistesleben zwischen Reformation und Aufklärung. 1956, [3]1974.
[27] *W. F. C. Ade:* The proverb in the German works of A. G. Northwest. Univ. Summaries of D. Diss. 17 (1949).
[28] *P. Böckmann:* Offenbarungshaltung und Elegantiaideal in der Dichtung des G. In: P. B.: Formgesch. d. dt. Dichtg. Bd. 1, 1949, S. 416 ff., [3]1967.
[29] *H. Powell:* A. G. and the ›New Philosophy‹. In: GLL. NS. 5 (1951/52), S. 274 ff.
[30] *Ders.:* Life of G. G's Weltanschauung. Influences. In: A. G. Carolus Stuardus. Leicester 1955, S. XXIII ff.
[31] *H. Joos:* Die Metaphorik im Werke des A. G. Diss. Bonn 1956. [Masch.].
[32] *M. Szyrocki:* Der junge G. (Neue Beitr. z. Litwiss. Bd. 9.) 1959.
[33] *H. Powell:* G., Princess Elisabeth and Descartes. In: Germanica Wratislaviensia 4 (1960), S. 63 ff.
[34] *P. Hultsch:* A. G. und die Mystik. In: Schlesien 5 (1960), S. 214 ff.
[35] *H. Schneppen:* Niederländische Universitäten und deutsches Geistesleben. Von der Gründung der Universität Leiden bis ins späte 18. Jh. (Neue Münst. Beitr. z. Gesch.forsch. 6.) 1960.
[36] *E. Mannack:* Leben des Dichters. In: A. G.s Werke in 3 Bden mit Erg.-Bd. Bd. 1 mit e. Vorwort z. Neuausgabe. (Nachdruck d. Bde der ›Bibl. d. Litt. Vereins in Stuttgart‹, 1878–1884 u. Erg.-Bd. 1938. Bd. 1: Lustspiele. 1961, S. XX ff.)
[37] *H. Plard:* Sur la jeunesse d'A. G. In: Et. Germ. 17 (1962), S. 34 ff.
[38] *H. W. Kollmann:* Der Ausdruck barocken Lebensgefühls bei Francisco de Quevedo Villegas u. A. G. Diss. Hamburg 1962.
[39] *M. Szyrocki:* A. G. Sein Leben u. Werk. 1964.

[40] *J. P. Liebe:* Eine religiöse Krise im Leben des A. G. In: GQu. 37 (1964), S. 54 ff.

[41] *W. Flemming:* A. G. Eine Monographie. (Sprache u. Literatur. 26.) 1965.

[42] Text + Kritik H. 7/8 A. G. 1965.

[43] *K. G. Just:* A. G. und kein Ende? In: K. G. J.: Übergänge, Probleme u. Gestalten der Literatur 1966, S. 115 ff.

[44] *W. Monath:* A. G. In: NDB. 7, 1966, S. 242 ff.

[45] *H.-J. Schings:* Die patristische und stoische Tradition bei A. G. Untersuchungen zu den Dissertationes Funebres und Trauerspielen. 1966.

[46] *P. Rühl:* Lipsius und G. Ein Vergleich. 1967.

[47] *W. Vosskamp:* Untersuchungen zur Zeit- u. Geschichtsauffassung im 17. Jh. bei G. u. Lohenstein. (Literatur u. Wirklichkeit. Bd. 1.) 1967.

[48] *E. Mannack:* A. G. (Sammlg. Metzler 76.) 1968.

[49] *G. Schönle:* Deutsch-niederländische Beziehungen in der Literatur des 17. Jhs. 1968.

[50] *B. L. Spahr:* G. and the crisis of identity. In: B. L. S.: Problems and Perspectives (Arb. z. Mittl. dt. Lit. u. Sprache Bd. 9.) 1981, S. 123 ff. [erstmals 1968/69].

[51] *H. M. Meyer:* A. G. In: Große Deutsche aus Schlesien 1969, S. 34 ff.

[52] *E. Verhofstadt:* Vondel und G. Versuch einer literarischen Topographie. In: Neophil. 53 (1969), S. 290 ff.

[53] *H. Powell:* Observations on the erudition of A. G. In: Orbis litt. 25 (1970), S. 115 ff.

[54] *P. Rusterholz:* Theatrum vitae humanae. Funktion und Bedeutungswandel eines poetischen Bildes. Studien zu den Dichtungen von A. G., C. H. v. Hofmannswaldau und D. C. v. Lohenstein. (Philol. Stud. u. Quellen 451.) 1970.

[55] *A. Pilak:* Catalogus Bibliothecae G. In: Akta Univers. Wratis. 121 (1970), S. 129 ff.

[56] *V. Fässler:* Hell-Dunkel in der barocken Dichtung. Studien zum Hell-Dunkel bei Johann Klaj, A. G. und Catharina Regina von Greiffenberg. (Europ. Hochschulschr. R. I Bd. 44.) 1971.

[57] *R. C. Harmon:* The metaphorical and rhetorical use of compound nouns and adjectives in the works of A. G. Diss. Washington Univ. 1971 [Masch.].

[58] *T. Bungarten:* Schluß des 1648sten Jahres. Interpretation eines Sonetts von A. G. im Hinblick auf seinen Erlebnisgehalt. In: Sprachkunst 3 (1972), S. 230 ff.

[59] *H. Bekker:* A. G.: Poet between epochs. (Can. stud. in Germ. lang. and lit. 10.) 1973.

[60] *A. G. de Capua:* A. G. and the protestant orthodoxy. In: A. G. D.: German Baroque poetry 1973, S. 96 ff.

[61] *H. Plard:* G. und noch immer kein Ende. In: Et. Germ. 28 (1973), S. 61 ff. u. 185 ff.

24

[62] *J. E. Karl:* Theological Motifs and their formative role in the works of A. G. Diss. Indiana Univ. 1974 [Masch.].

[63] *W. Flemming:* Einblicke in den deutschen Literaturbarock. (Deutsche Studien Bd. 26.) 1975.

[64] *F.-W. Wentzlaff-Eggebert:* Der triumphierende und der besiegte Tod in der Wort- und Bildkunst des Barock. 1975.

[65] *H. P. Braendlin:* Convention and individuation in German Baroque imagery: Psycho-Religious night and light Metaphors in the Poetry of Opitz, Dach and G. Diss. South. California Univ. 1976 [Masch.].

[66] *H.-H. Krummacher:* Der junge G. und die Tradition. Studien zu den Perikopensonetten und Passionsliedern. 1976.

[67] *W. Mauser:* Dichtung, Religion und Gesellschaft im 17. Jh. Die Sonette des A. G. 1976.

[68] *X. Stalder:* Formen des barocken Stoizismus. Der Einfluß der Stoa auf die deutsche Barockdichtung. – Martin Opitz, A. G. und Catharina Regina von Greiffenberg. (Stud. z. Germ., Angl. u. Kompar. Bd. 39.) 1976.

[69] *B. Peschken:* A. G. aus neustoizistischer, sozialgeschichtlicher Sicht. In: Daphnis 6 (1977), S. 327 ff.

[70] *F. Heiduk:* Unbekannte Gryphiana. Gedichte und Glückwünsche. In: Schlesien 22 (1977), S. 140 ff.

[71] *Ders.:* A. G., Glogau und die Herren von Oppersdorff. In: Schlesien 23 (1978), S. 74 ff.

[72] *F.-W. Wentzlaff-Eggebert:* Die Bedeutung der Emblematik für das Verständnis von Barock-Texten. Mit Beispielen aus der Jugenddichtung des A. G. In: Argenis 2 (1978), S. 263 ff.

[73] *W. Kühlmann:* Neuzeitliche Wissenschaft in der Lyrik des 17. Jhs. Die Kopernikus-Gedichte des A. G. und Caspar Barlaeus im Argumentationszusammenhang des frühbarocken Modernismus. In: Jb. Schill.ges. 23 (1979), S. 124 ff.

[74] Text + Kritik H. 7/8 A. G. ²1980.

[75] *G. Oestreich:* Strukturprobleme der frühen Neuzeit. 1980. [zu Lipsius bes. S. 298 ff. u. 318 ff.]

[76] *F. Gaede:* G. und Grimmelshausen als Kritiker des endlichen Verstandes. In: Simpliciana 2 (1980), S. 43 ff.

[77] *C. Wiedemann:* A. G. In: Deutsche Dichter des 17. Jhs. Ihr Leben und Werk. 1984, S. 435 ff.

[78] *J. Hardin:* Christian G. Bibliographie. (Berner Beitr. z. Barockgerm. Bd. 5) 1985.

II. Das Werk

A. Bibliographien. Forschungsberichte. Gesamtausgaben. Autographen.

Bibliographien zum Werk von A. G.

Eine Bibliographie der zwischen 1634 und 1750 erschienenen G.-Drucke stellte *Viktor Manheimer* zusammen in: Euphorion 11 (1904), S. 406 ff. und 705 ff. Sie wurde von *F.-W. Wentzlaff-Eggebert* in den von ihm 1938 edierten Ergänzungsband »Lateinische und deutsche Jugenddichtungen« übernommen und ergänzt (S. 235 ff.). Diese Titelverzeichnisse legte *M. Szyrocki* seiner um eine Reihe unbekannter Editionen vermehrten und die meisten der nach 1750 erschienenen Neudrucke berücksichtigenden Bibliographie zugrunde, die er im Anhang seines Buches über den jungen G. veröffentlichte:
M. Szyrocki: Der junge G. (Neue Beitr. z. Litwiss. Bd 9.) 1959, S. 155 ff. Vgl. [32]
Die von Dünnhaupt 1980 publizierte Barock-Bibliographie enthält ergänzende Angaben bes. zu Trauerdichtungen und Szenaren, ohne vollständig zu sein, und bietet Forschungsliteratur nur in Auswahl:
[79] *G. Dünnhaupt:* Bibliographisches Handbuch der Barockliteratur. 1. Teil: A – G (Hiersemanns bibliogr. Handbücher Bd. 2.) 1980, S. 712 ff.

Neuere Bibliographien zur Forschungsliteratur.

[80] *F. Heiduk* [Hrsg.]: Erdmann Neumeister. De poetis germanicis (Deutsche Barock-Lit.) 1978, S. 354 ff.
[81] *E. Mannack:* A. G. In : Kosch. Deutsches Literatur-Lexikon Bd. 6. 1978, Sp. 967 ff.
K.-H. Habersetzer: Auswahlbibliographie zu A. G. In : Text + Kritik H. 7/8, ²1980, S. 112 ff. Vgl. [74]
[82] Vgl. ferner *I. Pyritz:* Bibliographie zur deutschen Lit. gesch. des Barockzeitalters. 2. T. Fasz. 2. 1980, S. 268 ff.
und *Wolfenbütteler Barock-Nachrichten.* 1974 ff.

Forschungsberichte (zum Barock und zu A. G.).

[83] *E. Trunz* in: DVjs 18 (1940), Referatenheft S. 1 ff.
[84] *E. Lunding* in: Orbis litt. 8 (1950), S. 27 ff., u. in: WW 2 (1951/52), S. 298 ff.
[85] *H. Powell* in: GRM NF 7 (1957), S. 328 ff.
[86] *R. Tarot* in: Euph. 57 (1963), S. 411 ff.
H. Plard in: Text + Kritik H. 7/8. 1965, S. 37 ff. Vgl. [42]

[87] *M. Brauneck* in: DVjs 45 (1971). Sonderheft S. 378 ff.
[88] *F.-W.* und *E. Wentzlaff-Eggebert:* A. G. (Erträge der Forschung 196) 1983.
Vgl. ferner die Einleitung bei *H.-H. Krummacher* [66].

Gesamtausgaben.

Eine drei Bde umfassende *Gesamtausgabe* der deutschsprachigen Lyrik, der Trauerspiele und der Lustspiele von G. (einschließlich der von ihm übersetzten Dramen), hrsg. v. *H. Palm,* erschien zwischen 1878 und 1884: A. G.: Lustspiele. 1878; Trauerspiele 1882; Lyrische Gedichte. 1884. (Als Bd 138, 162, 171 der »Bibl. d. Litter. Vereins in Stuttgart«.) – Einen photomechan. Nachdruck dieser Bde (mit einem Neudruck des Lissaer Sonnettbuches von 1637 und den Berichtigungen und Nachträgen zur Palmschen Ausgabe der Lyrischen Gedichte von V. Manheimer) veranstaltete die Wissenschaftl. Buchgesellschaft Darmstadt 1961.
Da von allen in diesen drei Bänden abgedruckten Texten zuverlässigere Editionen existieren, wurde diese von Palm besorgte Ausgabe in den bibliographischen Angaben zu den einzelnen Werken im vorliegenden Band nicht berücksichtigt.
Als *Ergänzungsband* zur Palmschen Ausgabe erschien 1938 die wissenschaftlich zuverlässige Edition:
A. G.: Lateinische und deutsche Jugenddichtungen. Hrsg. v. *F.-W. Wentzlaff-Eggebert.* (Bibl. d. Litt. Vereins in Stuttgart. Bd 287.) 1938. – Einen photomechan. Nachdruck dieses Erg.-Bdes (mit e. textlichen Nachtrag) brachte die Wissenschaftl. Buchgesellschaft 1961 heraus (s.o.).
Seit 1963 erscheint:
A. G.: Gesamtausgabe der deutschsprachigen Werke. Hrsg. v. *M. Szyrocki* u. *H. Powell.* (Neudrucke dt. Lit. Werke NF Nr. 9-12, 14, 15, 21, 31-34).
1. Sonette. Hrsg. v. M. Szyrocki. 1963.
2. Oden und Epigramme. Hrsg. v. M. Szyrocki. 1964.
3. Vermischte Gedichte. Hrsg. v. M. Szyrocki. 1964
4. – 6. Trauerspiele I-III. Hrsg. v. H. Powell. 1964, 1965, 1966.
7. u. 8. Lustspiele I u. II. Hrsg. v. H. Powell. 1969 und 1972.
Erg. Bde 3/1 u. 3/2. Die Übersetzungen der Erbauungsschriften Sir Richard Bakers. 1 u. 2. Hrsg. v. H. Powell. 1983.
Obwohl in Rezensionen zu den ersten Bänden bereits festgestellt worden ist, daß die edierten Texte wissenschaftlichen Ansprüchen nicht genügen, zeigen auch die später herausgekommenen Bände erhebliche Mängel, so daß Ausgaben der bei Reclam erscheinenden Reihe einen zuverlässigeren Text bieten.
Vgl. dazu:
[89] *H. G. Haile:* In: JEGP 64 (1965), S. 121 ff.
[90] *H.-H. Krummacher:* In: ZfdPh. 84 (1965), S. 183 ff.

[91] *D. W. Jöns:* In: Euph. 59 (1965), S. 332 ff.
[92] *E. Trunz:* In: Germanistik 6 (1965), S. 442 f., 8 (1967), S. 783 u. 14 (1973), S. 840 f.
[93] *G. Weydt:* In: Jb. Schill.ges. 9 (1965), S. 1 ff. Vgl. [140].
[94] *C. Wiedemann:* In: GRM 46 (1965), S. 209 ff.

Autographen

1) Eine Abschrift der Ratsprotokolle, angebunden dem Breslauer Exemplar der »Fewrigen Freystadt« von 1637. (durch Kriegseinwirkungen verloren).

2) Die beiden noch existierenden Exemplare von »Fewrige Freystadt« enthalten Druckfehlerkorrekturen von G.s Hand.

3) Deutsches Sonett »Was sindt wir Menschen doch! ein Wohnhaus grimmer Schmerzen«. Eintragung in das Stammbuch von Konstantin Linderhausen, 15. Calen. Maji 1640, Leiden. (Veränderte Fassungen des Sonetts im Liss. Sonettbuch Nr. 9 und im 3. Buch Sonette Nr. 11. Faksimile der Hs. in Bd. 1 der Gesamtausgabe. Orig. in engl. Privatbesitz).

4) Lateinische Eintragung in das Stammbuch des Breslauer Thomas Lerch, 13. Cal. Julii 1643, Leiden. Mit dt. Vers am Ende. (Abgedr. bei Wentzlaff-Eggebert, Ergänzungsbd. S. 215.).

5) Lateinische Eintragung (mit griech. Bibelzitat) in das Stammbuch des Theologiestudenten Matthias Zimmermann, prid. Jd. Febr. 1647, Straßburg. (Abgedr. bei Bircher [98], S. 617 ff. Univ.-Bibl. Basel).

6) Lateinischer Brief an den Straßburger Professor Johann Heinrich Boecler, 4. Jd. Julii 1647, Amsterdam. (Abgedr. bei Reifferscheid [96], S. 616 f. Staats- u. Univ.-Bibl. Hamburg).

7) Lateinisches Gedicht in einem Brief an Daniel von Czepko, 6. Jd. Martis 1657, Glogau. Mit deutscher Anrede. (Abgedr. bei Strasser [9], S. 241 ff. mit Ergänzungen unleserlicher Stellen. Ferner bei Wentzlaff-Eggebert, Ergänzungsbd. S. 231. Die in der Breslauer Stadtbibl. einst aufbewahrte Hs. R 2195 mit dem Briefwechsel zwischen G. und Czepko ist verschollen).

8) Deutsche Eintragung in das Stammbuch der Fruchtbringenden Gesellschaft mit Wappenzeichnung, 1662. (Zentralbibl. Weimar. Abgedr. bei Wentzlaff-Eggebert, Ergänzungsbd. S. 213).

9) Deutscher Brief an den Sekretär der Fruchtbringenden Gesellschaft Georg Neumark, 11. Maji 1663, Glogau. Mit Gedichtbeigabe auf den Tod des Herzogs Wilhelm von Weimar. (Abgedr. bei v. Fallersleben [95], S. 13 f., und Bircher [98], S. 620 ff. Die zwei Sonette in Gesamtausgabe Bd. 1, S. 113 f. und 250).

10) Die Breslauer Exemplare der beiden Herodes-Epen und des ersten Druckes des »Olivetum« enthalten zahlreiche hs. Änderungen des Dichters.
In der Bibliotheka Jagiellońska Kraków befinden sich viele Briefe

und Stammbücher aus der Autographensammlung der ehem. Preuß. Staatsbibl. Vgl. dazu WBN 11 (1984), S. 49 ff. Aus einer Liste, die ich in Krakau kurz einsehen konnte, geht hervor, daß G. mit Stammbuch-Eintragungen vertreten ist. Die Unterschrift bzw. kurze Eintragungen von G. befinden sich in folgenden Schriften:

11) N. Caussinus, Tragoediae sacrae. . . 1621, von G. datiert 1634.
12) P. Cunaeus, De republica Hebraeorum. . . 1632, von G. datiert 1638.
13) I. Casaubon, De Rebus Sacris et Ecclesiasticis Exercitationes . . . 1615. Von G. datiert 1639, Leiden. Mit hs. Bemerkungen auf S. 9, 19, 53 und 178.
14) Prisciani Grammatici Caesariensis Libri Omnes . . . 1554, von G. datiert 1641 und mit einem Hinweis auf hs. Anmerkungen von Scaliger versehen.
15) C. Baldi, In Physiognomica Aristotelis Commentarii . . . 1621, von G. datiert 1642, Leiden.
    (Die vollständigen Eintragungen von G. bei Bircher [98], S. 614 ff.).
16) Einem Sammelband mit Ausgaben von G.s Catharina, Carolus, Kirchhofsgedanken, Majuma, Cardenio und Felicitas lag »das eigenhändig geschriebene Ex libris von G.« bei (Vgl. Manheimer, Bibliographie Nr. 133).
17) G.s erste Leichabdankung »Menschlichen Lebenss Traum« vom Jahre 1637 enthält ein Widmungssonett an Maria Richter mit der eigenhändigen Widmung des Dichters »Schriebs d: Fr: Muhmbe dinstwilliger Andreas Gryphius.« Der gesamte übrige Text ist von fremder Hand geschrieben. (Vgl. dazu Hay in: Jhb. dt. Schillerges. 15 [1971] S. 1 ff. Schiller-Nat.museum. 70.558).
18) Das deutsche Gedicht auf Friedrich von Niemtzsch enthält Datum und Unterschrift von G.
19) Ins »Gazophylacium Heroum Illustrium . . . « der Universität Leiden trug sich G. 1638 und 1639 ein.
20) Die offensichtlich von einem Schreiber angefertigte Reinschrift der Erstfassung des »Carolus Stuardus« enthält Korrekturen, die möglicherweise von G. selbst stammen. (Das Manuskript befindet sich in der Berliner Staatsbibliothek). Ein von mir eingesehenes Exemplar der »Landes Privilegia« enthält zwar den hs Vermerk »Andreas Gryphius«, der jedoch erst nach G.s Tode angebracht wurde.

Literatur:

[95] *H. v. Fallersleben:* Findlinge zur Geschichte deutscher Sprache und Dichtung. Bd. 1, 1860.
[96] *A. Reifferscheid:* Briefe G. M. Lingelsheims, M. Berneggers und ihrer Freunde. (Quellen z. Gesch. d. geist. Lebens in Deutschland während d. 17. Jhs.) 1889. (Vgl. ferner *H. Powell* [53] S. 120 f.).

[97] *F.-W. Wentzlaff-Eggebert:* Zu einem Stammbuchblatt des A. G. In: Belehrung und Verkündigung. 1975, S. 172 ff. [erstmals 1970].
[98] *M. Bircher:* A. G. Einige Autographen. In: MLN 86 (1971), S. 613 ff.
[99] *H.-H. Krummacher:* Stand und Aufgaben der Edition von Dichterbriefen des deutschen Barock. In: probleme der brief-edition, 1977, S. 61 ff. (Vgl. ferner Wolf. Arb. z. Barockforschung Bd. 6. 1978).
Vgl. ferner *M. Szyrocki* [389].

B. Die einzelnen Werkgruppen

1. Lateinische Epen

In den Herodes-Epen besitzen wir zwei der frühesten poetischen Zeugnisse des Dichers, die freilich nicht als bloße Schulübungen gewertet werden dürfen, eignet ihnen doch bereits eine Reihe stilistischer wie thematischer Züge, die für das weitere Schaffen von G. charakteristisch sind. Die über lange Zeit unbestrittene Annahme, wonach diese lateinischen Epen die Vorstufe der deutschen Dichtersprache des Autors überhaupt darstellen, ist durch H.-H. Krummachers Untersuchung über den jungen G. erschüttert worden. Danach erweist sich ein Nebeneinander von lateinischer und deutscher Dichtungstradition als überaus wahrscheinlich, wobei die Einwirkung lateinischer Vorbilder auch auf deutsche Dichtungen des Autors weiterhin als gesichert gelten darf.

G. schuf seine lateinischen Epen – mit Ausnahme des »Parnassus renovatus« – nach einem großangelegten Plan; in ihnen sollten bedeutsame Stationen von Christi Erdendasein dargestellt werden. Mit Christi Geburt und Herodes' Kindermord hebt die Reihe der Hexameterepen an. Im Mittelpunkt des zweiten Herodesepos' steht das schreckliche Ende des blutgierigen Tyrannen, der von den Mächten der Hölle ausersehen war, Gottes Erbarmen mit der sündigen Menschheit zunichte zu machen. Das später veröffentlichte »Olivetum« zeigt Christus in der schwersten Stunde seines Erdenwandels. Die Darstellung seiner Grablegung und Auferstehung war offensichtlich dem vierten Epos »Golgatha« vorbehalten, auf das G. in der Vorrede seines vierten Odenbuches verweist; dieses Epos ist bis heute nicht aufgefunden.

In der Thematik gehen seine Epen auf die Berichte der Bibel zurück, die G. noch aus den Geschichtsschreibern ergänzt. In der Form folgt er den großen Vorbildern aus der antiken Dichtung, insbesondere der Äneide des Vergil, aus der er an einzelnen Stellen ganze Verse übernimmt. E. Gnerich hat mit philologischer Akribie die zahllosen Entlehnungen aus den Werken der antiken Literatur für die Herodesepen nachgewiesen. Die neuere Forschung betont – bei voller Anerkennung des von Gnerich Geleisteten – gerade den eigenen Stilwillen des Dichters, der in diesen frühen Schöpfungen schon deutlich erkennbar ist. Zweifelsohne hat sich der junge Dichter mit großem Ernst des von ihm gewählten Sujets angenommen, zeugen doch diese Erstlinge seiner Muse bereits von einer tiefgläubigen Haltung, die darauf bedacht ist, den Leser an den Schrecken über die Gewalttaten der dunklen Mächte und an der Freude über den Gnadenerweis des Himmels teilhaben zu lassen. Dieser Absicht dienen insbesondere die häufig verwendeten Antithesen, die ebenso wie die Dialoge, Anrufe und Interjektionen eine dramatische Spannung hervorbringen. So zeichnet sich schon in den frühesten Werken ein dramatisches Talent ab, das sich erst über ein Jahrzehnt später in den Dramen voll entfaltet. Bemerkenswert ist die große Belesenheit des jungen G., die durch Gnerichs Untersuchung dokumentiert worden ist.

a) »Herodis Furiae et Rachelis lachrymae«

Das erste Herodes-Epos, das stilistisch besonders stark von klassischen Vorbildern, vor allem von Vergils Äneide abhängig ist, entstand zwischen 1633 und 1634 und erschien 1634 in Glogau. Es war ebenso wie das zweite Epos lange Zeit verschollen; ein Exemplar wurde erst 1864 in der Breslauer Stadtbibliothek aufgefunden. Die stoffliche Grundlage bildet die Geschichte des Herodes und des bethlehemitischen Kindermordes, wie sie das Matthäus-Evangelium überliefert. Außerdem benutzte G. die Antiquitates des Flavius Josephus. Die Geschichte des Herodes war auch des öfteren Gegenstand des deutschen Volksspiels. Außerdem behandelten das Thema einige zeitgenössische Werke, u. a. Daniel Heinsius in seinem Drama »Herodes Infanticidia« (1632) und J. Bidermanns Epos »Herodias«, das Marinos »La strage degl' innocenti« verpflichtet ist. Doch weder von Bidermann noch von C. Barlaeus' Werk »Rachel plorans infanticidium Herodis«, das 1631 in Leiden erschien, scheint ein direkter Einfluß auf G.s Epen ausgegangen zu sein. In den Widmungsgedichten setzt G. die Geschehnisse um den Kindermord mit den furchtbaren Geschehnissen seines vom Kriege heimgesuchten Vaterlandes in Parallele, deren Schrecken in die Gestaltung des historischen Stoffes einfließen. Zu einer starken Ausweitung der biblischen Gedanken führt insbesondere das Nacherleben religiöser Szenen. Das irdische Geschehen, der von Herodes befohlene Kindermord und die Klagen der Mütter, bilden das Sujet des ersten Epos', wobei die historische Episode sogleich eine Ausweitung erfährt: »Spieler und Gegenspieler sind deutlich konfrontiert. Christus und Antichristus, Himmel und Hölle stehen gegeneinander« (Wentzlaff-Eggebert, S. 13).

b) »Dei Vindicis Impetus et Herodis Interitus«

Das zweite Herodes-Epos entstand zwischen 1634 und 1635 und wurde 1635 erstmals gedruckt. V. Manheimer entdeckte das Danziger Exemplar von Herodes II und machte die bislang unbekannte Titelseite und die Widmung bekannt. Diese Dichtung schildert die Rache Gottes und das schreckliche Ende des blutgierigen Tyrannen. In der Anlage zeigt das Werk starke Parallelen zum ersten Epos, so in der Beratung der Himmlischen, der Rede Gottes und seinem Entschluß zur Rache an Herodes. Gegenüber dem Erstling zeichnet sich hier deutlich der Wille zur dramatischen Zuspitzung ab, der zu selbständigen und überaus wirksamen Szenen innerhalb des heroischen Gedichts führt.

c) »Olivetum Libri tres«

Die drei Bücher »Olivetum« erschienen erstmals 1646 in Florenz während G.s Aufenthalt in Italien; er selbst überreichte sie dem Senat der Stadt Venedig. In den Jahren 1647/48 hat er das Werk überarbeitet und 1648 erneut drucken lassen. Dieser Zweitdruck enthält außer der Dedikation an den Senat von Venedig eine Widmung an den Brandenburgischen Kurfürsten Friedrich Wilhelm und an die Pfalzgräfin Elisabeth. Als Entstehungszeit des »Olivetum« nahm Wentzlaff-Eggebert die Leidener Jahre des Dichters an mit dem Jahre 1643 als spätestem Zeitpunkt. In weiteren Untersuchungen hat er diese Angabe korrigiert und für ein früheres Entstehungsdatum plädiert, wobei er den Anfang der Arbeit schon in das Jahr 1637 verlegt (dazu S. XXXI f. in der Einleitung des Ergänzungsbdes).

Das »Olivetum« zeigt starke thematische wie stilistische Anklänge an die beiden vorausgehenden Epen, doch hebt es sich als eine geistliche Dichtung im Stil des 17. Jhs von den rein biblischen Dichtungen des Herodesgeschehens ab. Im Ölberg-Epos wird Christus in seiner schwersten und menschlichsten Stunde dem Leser vor Augen geführt, wobei eben die von Christus ertragenen Leiden der Menschheit als eindringliche Lehre dienen sollen. Stilistisch wie auch im Ausdruck des persönlichen Bekenntnisses überragt es die Epen der früheren Jahre. Strehlke schätzte es höher als Klopstocks »Messias«.

d) »Parnassus renovatus«

Der »erneuerte Parnass« erschien 1636 in Danzig; das Werk war erst kurze Zeit vorher entstanden. Das Hexameterepos ist eine Huldigung für G.s Mäzen Schönborn und steht noch ganz in der Tradition des Lobgedichts. Die überschwänglichen Loberhebungen bewegen sich in Bahnen des damals von vielen Dichtern Geübten. Ein eigener Stil wird in diesem Lobgedicht nicht erkennbar.

Neudrucke:

»Herodis Furiae . . .« und »Dei Vindicis . . .« in: *E. Gnerich:* A. G. u. seine Herodes-Epen. Ein Beitrag zur Charakteristik des Barockstils. (Breslauer Beitr. z. Litgesch. 2.) 1906.
A. G.: Lateinische u. deutsche Jugenddichtungen. Hrsg. v. *F.-W. Wentzlaff-Eggebert* (als Ergänzungsbd zur Palmschen Gesamtausgabe). 1938; photomechan. Nachdruck mit e. textl. Nachtrag 1961.
Eine deutsche Übersetzung des »Olivetum«:
Olivetum oder der Oelberg. Latein. Epos des A. G., übersetzt u. erläut. v. *F. Strehlke,* 1862.

Literatur:

[100] *F. W. Jahn:* Über »Herodis Furiae et Rachelis lachrymae« von A. G. Nebst einigen Nachrichten über den Dichter. Programm Halle 15 (1883).
  E. Gnerich bei Gelegenheit der Neudrucke (s. o.).
[101] *F.-W. Wentzlaff-Eggebert:* Dichtung u. Sprache des jungen G. Die Überwindung der latein. Tradition u. die Entwicklung zum dt. Stil. (Abhandl. d. preuß. Akademie d. Wiss., Philos.-histor. Klasse. 1936, Nr. 7.) – 2., stark erweit. Aufl. 1966.
[102] *B. L. Spahr:* Herod and Christ: G.s Latin Epics. In: B. L. S.: Problems and Perspectives. (Arb. z. mittl. dt. Lit. u. Sprache 9) 1981, S. 151 ff.

2. Lyrik

Die 1976 erschienene Untersuchung von *H.-H. Krummacher* über zwei frühe Lyriksammlungen des jungen G. sowie daran anknüpfende Arbeiten haben seit langem allgemein akzeptierte Auffassungen über G.s lyrische Dichtung und daran ablesbare – insbesondere sprachliche – Entwicklungen ebenso wie über seine frömmigkeitsgeschichtliche Einordnung in Frage gestellt und der Forschung neue Wege gewiesen. Ging man bislang davon aus, daß seine frühe deutsche Dichtung wesentliche Impulse aus der lateinischen poetischen Tradition empfing, so können wir nun unterstellen, daß G. nahezu gleichzeitig sich von lateinischen und volkssprachlichen Traditionssträngen leiten ließ. Die als weitgehend gesichert geltenden Entstehungszeiten der frühesten Dichtungen legen dies durchaus nahe; zwar gehört die Arbeit am ersten Herodes-Epos noch in eine Zeit, in der Versuche in deutscher Poesie anzusiedeln kein zwingender Anlaß besteht, doch schon das zweite Epos entstand in einem Zeitraum, der wenigstens teilweise auch für die Arbeit an deutscher Lyrik in Anspruch genommen wird: G.s »Thränen . . .« wurden wahrscheinlich schon 1635 in Danzig begonnen, wo ein Jahr vorher die Neuauflage von Opitz' Poetik-Büchlein herausgekommen war. Daß zudem der mit der Absicht, eine sprachliche Entwicklung des jungen Dichters nachzuweisen, unternommene Vergleich zwischen lateinischer und volkssprachlicher Poesie in diesem Falle wegen der Normen der Stillehre problematisch ist, kann nicht geleugnet werden. So stellt sich zweifellos der Beginn der deutschsprachigen Lyrik bei G. komplexer dar, als früher angenommen wurde.

Die Lissaer Sonette von 1637, die erste Publikation deutscher Gedichte von G., haben in der eben erwähnten Diskussion eine erhebliche Rolle gespielt; sie sind indessen geeignet, die von unterschiedlichen und wechselseitigen Einflüssen gekennzeichnete Bemühung um deutsche Lyrik des jungen G. vor Augen zu führen. Die Forschung nimmt an, daß die Lissaer Sonette um 1636 und damit nahezu gleichzeitig mit den »Thränen . . .« (~1635) und den »Sonn- u. Feyrtags-Sonetten« (1636 u. 37) geschrieben wurden. Sind die beiden letztgenannten Sammlungen in hohem Maße den Traditionen deutschsprachiger Perikopen- und Passionsliteratur verpflichtet, so verweist das Lissaer Sonettbuch, dessen Veröffentlichung G. offensichtlich sogleich für gerechtfertigt ansah, auf weitere Einflüsse. Die geistlichen Sonette III, IV und V sind Übersetzungen lateinischer Gedichte

der Jesuiten Bidermann, Bauhusius und Sarbiewski (bzw. des
heil. Bernhard). Von lateinischen Texten aus der Feder eines Jesuiten läßt sich auch noch der Autor der ›Kirchhoffs-Gedank-
ken‹ leiten. Daß bei einigen Versen des berühmten Vanitas-Ge-
dichts sich G. an ein lateinisches Poem des Humanisten Petrus
Lotichius Secundus anlehnte, hat L. Forster überzeugend dargelegt. An unterschiedliche Vorbilder lassen sodann die Huldi-
gungsgedichte und Hochzeitscarmina denken.

Diese frühen Texte verraten freilich schon den eigenen Ton
des Dichters und zeichnen sich durch eine poetische Qualität
aus, die bei Texten eines etwa zwanzigjährigen Autors einigermaßen überrascht. Daß G. bei aller Einbindung in lange Traditionen fast durchweg persönliche Betroffenheit – nicht zuletzt
in Gestalt von Angst und Klage – zum Ausdruck bringt, ist unbestritten. Die hier schon dominante Thematik der »Vanitas«
bietet Anlaß dazu und darf als Generalthema des Dichters G.
überhaupt angesehen werden.

Von hoher künstlerischer Fähigkeit zeugt nicht zuletzt die
hier bereits deutlich erkennbare Beherrschung der *Strophen-
form,* deren sich humanistische Dichterkreise zum Ausdruck
gesellschaftlicher Elegantia bedient hatten und die über *Ronsard*
und *Heinsius* durch Opitz in Deutschland herausragende Bedeutung gewann. Ist der Einfluß des Danziger Dichters *Plavius*
noch immer umstritten, so besteht Übereinstimmung darüber,
daß G. die einst starre Form zu einem höchst artistischen Ge-
bilde weiterentwickelte. Mit Plavius teilt G. nicht nur die Vorliebe für das *Sonett,* sondern auch für die Anapher; damit ist zugleich der Anteil rhetorischer Figuren an G.s poetischer Sprache
überhaupt berührt, der ebenfalls schon im ersten Sonettzyklus
massiv in Erscheinung tritt. Das gilt ebenso für jene ›Zentner-
worte‹, deren sich G. in seiner persuasorischen Absicht bis zuletzt bediente.

Bei den fast gleichzeitig entworfenen »Sonn- und Feyrtags-
Sonetten«, die sich an die damals weit verbreitete und unterschiedlich ausgeformte Perikopenliteratur sehr eng anschließen,
steht der Einfluß von *J. Heermanns* Evangelienepigrammen und
-gebeten sowie von *J. Arndts* Paradiesgärtlein außer Frage, während ein vergleichbarer Nachweis in bezug auf *V. Herbergers*
Herzpostille nicht erbracht werden kann.

Mit dem sehr früh entstandenen Zyklus »Thränen. . .«
schließt sich G. eng an die Passionsliteratur an, wobei er die Pas-
sionserzählungen von *Bugenhagen* in die Liedform umsetzt.
Verweisen zahlreiche Verstöße gegen die Poetikregeln auf die

frühe Entstehung dieser Sammlung, so besitzen diese Texte
ebenfalls schon jenen persönlichen Ton, den G. bei aller Bin-
dung an Traditionen durchhalten wird. Die »Thränen . . . « erscheinen später als Odenbuch und werden so einer Strophen-
form zugeordnet, die damals recht unterschiedliches bezeich-
nete. Die *Ode* ist im Barock als einfaches Lied wie als kompli-
ziert gebaute pindarische Ode gebräuchlich und wegen ihrer
»logisierenden« Intention besonders beliebt, da sie rhetorischen
Tendenzen der Zeit durchaus entgegenkommt. Dramatische
Elemente in der pindarischen Ode haben zweifelsohne G.s Vorliebe für diese Form noch verstärkt.

Besteht der frühe Zyklus »Thränen . . .« aus Gedichten, die
als geistliche Lieder zutreffend charakterisiert werden, so enthalten die späteren Odenbücher neben 20 Strophenliedern 16
pindarische Oden. Diese Form geht wiederum besonders auf
Ronsard zurück, an den sich Weckherlin und Opitz anschlos-
sen. Im Vergleich zu anderen Verfassern der Zeit fand nur eine
geringe Zahl von Liedern des G. Aufnahme in Kirchengesang-
bücher; man hat davon gesprochen, daß den Texten der Ge-
meindebezug fehle, weil der persönliche Ausdruck allenthalben
hervortrete. So ist es auch naheliegend, diese Texte nicht der
Spezies des Kirchenliedes zuzuordnen, sondern sie als geistliche
Lieder zu bezeichnen.

1643 erschien zugleich je ein Buch lateinischer und deutscher
Epigramme. Für diese in der Zeit überaus beliebte Gedichtform
galten *Martial* und *Owen* als Autoritäten, denen G. folgte, doch
dürften auch von *Czepko* und *Silesius* Anregungen ausgegangen
sein. G. pflegte besonders den ›gnomischen Typus‹, in dem die
argutia didaktischen Absichten untergeordnet ist, und entwik-
kelte ihn zu einer beachtlichen Höhe.

Bei der Wahl der *Versform* folgte G. nicht minder der Kon-
vention. »Vnter den Jambischen versen sind die zue föderste zue
setzen / welche man Alexandrinische. . . zue nennen pfleget,
vnd werden an statt der Griechen vnd Römer heroischen Verse
gebraucht«, schreibt Opitz in seinem Poetikbüchlein. G. verwendete zunächst in seinen Sonetten nur Alexandriner, benutzte dann aber auch den von Ronsard empfohlenen vers commun sowie 14- und 15-silbige Trochäen und Daktylen. Neben
Alexandriner und vers commun finden sich in den pindarischen
Oden auch jambische und trochäische Drei- und Vierheber.
Der Alexandriner mit seiner Zweischenkligkeit kam der rhetorischen Intention der meisten Poeten ebenso entgegen wie das
Stilmittel der Antithetik bzw. verwandter Figuren. Durch Ab-

wechslungen vermag G. die starre Versform aufzulockern – das gelingt mit Hilfe der Zäsur und des Enjambements. Gegenüber der logischen Betonung zeigt sich G. in seinen Versen recht großzügig, so daß der volle Versakzent öfter auf Neben- bzw. Füllworte fällt. Mit Hilfe der metrischen Hebungen erreicht er häufigen Wechsel des Verstempos, der dem deiktischen Prinzip seiner Dichtung zugute kommt.

Mit der Erwähnung der Antithese wurde bereits auf die seit längerem betonte Rolle der Rhetorik in der Barockdichtung überhaupt hingewiesen. G.s Texte – und bereits auch die frühe Lyrik – sind umfassend von rhetorischen Figuren geprägt. Antithetik und Häufung, so u. a. das Paradoxon, die syndetische oder asyndetische Reihung, die Synonyma und Parallelismen, gehören ebenso zu den beherrschenden Stilmitteln wie die klanglichen Phänomene der Anapher, der Assoziation, der Alliteration und, wenn auch maßvoll im Unterschied zu vielen Zeitgenossen, der Klangmalerei.

Die von Humanistenkreisen in Rhetoriken und Poetiken entwickelten, von vielen Barockpoetiken fortgeschriebenen Stilideale veranlaßten G. zur permanenten Überarbeitung gerade seiner lyrischen Dichtung. Er hat fast alle Gedichte geändert, manche sogar viermal, wobei er den vorgeschriebenen Normen gerecht zu werden und zugleich mögliche Freiheiten artifiziell zu nutzen trachtete. Rücksicht auf Metrikvorschriften bildet überaus häufig den Grund für Änderungen, und das Streben, flüssiger und pathetisch-eindrucksvoller zu werden, führte zum intensiveren Gebrauch rhetorischer Figuren. So erfahren Parallelismen in späteren Fassungen eine Verstärkung durch Anaphern und Antithesen; rhetorische Fragen, Apostrophen und Ausrufe führen in Verbindung mit ›Zentnerworten‹ und stärkeren Epitheta zu jener Wucht der Rede, die G. als unverwechselbaren Dichter erscheinen läßt. Weitere Änderungen betreffen die Deutlichkeit der Aussage – oft werden dunkle Ausdrücke beseitigt und konfessionelle Positionen schärfer herausgearbeitet –, die Abwendung von gemeiner Rede, die Vermeidung von Fremd- und Flickworten sowie die Verwandlung der Ich-Aussagen in Persönliches zurückdrängende ›man‹- und ›wir‹-Sätze. In vielen Fällen wird der Ausdruck durch die Änderung abstrakter; als wesentliches Ziel der Umarbeitung aber können Steigerungen und Verdichtung des Bildgehalts gelten. Bei den Reimen wird in den späteren Fassungen Binnenreim vermieden und Reinheit der Endreime angestrebt.

Aufgrund der jüngsten Erkenntnisse über verschiedene Traditionsstränge bei G. ist das Problem einer Entwicklung seines poetischen Stils erneut aufgeworfen worden. Hält Krummacher die zunehmende Ausbildung eines hohen Stiles bei der deutschsprachigen Lyrik – verbunden mit einer größeren Freiheit gegenüber den Vorlagen – für möglich, so ist dieser Hypothese von I. Scheitler widersprochen worden. Daß sie dafür auf die beiden späten geistlichen Liedsammlungen des Dichters verweist, vermag freilich weniger zu überzeugen als das Ergebnis ihrer Untersuchungen zu den Odenbüchern, die von früh an unterschiedliche Arten des Umganges mit biblischen Vorlagen erkennen lassen.

Mit dem weitgehend unbestrittenen Versuch des Dichters, seinen poetischen Texten immer höhere, und gerade auch seinen geistlichen Gedichten damit Stilqualitäten zu verleihen, die durch die Tradition nicht legitimiert waren, gewinnt die Frage nach der Stellung des *Künstlers* G. in seiner Zeit erneut an Aktualität. Es scheint, so formuliert ein Rezensent von Krummachers Buch, daß allein »durch die Wahl der Sonettform die neuen, im weltlichen Bereich schon akzeptierten Vorstellungen formaler Eleganz und damit wohl auch die Bedürfnisse eines sich von der christlichen Gemeinde geschmacklich abhebenden Publikums erfüllt werden.«

Damit ist in der Tat ein entscheidender Aspekt angesprochen worden, dem man schwerlich durch textimmanente und die Ergebnisse der Forschung aussparende Spekulationen über die Bedeutung der Ich-Aussage in G.s Gedichten näherkommen wird. Sie haben freilich auch nach den überzeugenden Darlegungen Krummachers zu diesem Gegenstandsbereich ebenso wenig an Attraktivität verloren wie die immer erneute Interpretation derselben Sonette, obschon die Oden längst eine intensivere Beachtung verdient hätten.

a) Sonette

Lissaer Sonette (»Sonnete«)

Das Lissaer Sonettbuch, die erste Veröffentlichung deutscher Lyrik von G., erschien 1637; es enthält 31 Sonette, ein Widmungsgedicht sowie ein deutsches und lateinisches Gedicht auf den Tod seiner Stiefmutter. Die Texte entstanden um 1636. Auf rein geistliche Sonette, darunter drei bereits genannte Übersetzungen lateinischer Vorlagen, folgen Gedichte, die G.s persönliches Schicksal sowie das seiner Familie im Sinne zeitgenössischer Affektenlehre zum Anlaß für geistliche Unterweisung nehmen, ferner Lobgedichte auf Lehrer, Freunde und Gönner, Hochzeits-, Liebesgedichte und Sonette satirischen Inhalts. Die bekanntesten Beiträge dieser Sammlung sind das Vanitassonett (VI), die »Trawrklage des verwüsteten Deutschlandes« (XXVI) und das Sonett »Menschliches Elende« (IX). Das Widmungsgedicht der vier Frauen dedizierten Sammlung kündigt an: »Ich wil in kurtzem mich noch gar viel höher schwingen; Vnd Ewrer Tugend Lob / mit freyem Munde singen.«

»Sonnette. Das erste Buch«
Die Sammlung erschien 1643 in Leiden und umfaßt 50 Sonette, darunter 29 stark überarbeitete Gedichte des Lissaer Sonettbuchs. Während bei den Lissaer Sonetten eine Strukturierung durch Zahlensymbolik angenommen wird, sieht man in diesem Buch ein thematisch bestimmtes Ordnungsprinzip wirksam, das durch christologisch bedeutsame Texte am Anfang und Ende noch unterstrichen werde. Für einige Beispiele – vor allem für die »Grab-Schrift / der Jungfrawnschafft«, die zum beliebten Genre des Hochzeitsscherzes gehört – dürfte eine solche Zuordnung nicht eben leicht gelingen. Einigermaßen überraschend ist auch das Preisgedicht auf den Kartographen Ortel, dessen wissenschaftliche Leistung mit der für Märtyrer gebräuchlichen Metaphorik gerühmt wird.

2. Buch Sonette
Die Sammlung wurde von G. 1646 in Straßburg zum Druck vorbereitet und sollte alle bis dahin von G. fertiggestellten deutschen Dichtungen enthalten. Der von Dietzel besorgte Druck geriet ins Stocken und wurde ohne Wissen des Dichters vom Frankfurter »Buchführer« J. Hüttner 1650 herausgebracht. (»Andreas Griphen Teutsche Reim-Gedichte. . .«). Diese unrechtmäßige Ausgabe enthält neben »Leo Armenius« und zwei Büchern Oden drei Sonettbücher von G. sowie fünf fremde Sonette und Opitz' »Gedanken von der Ewigkeit«. In der Ausgabe von 1657 beklagt sich G. darüber, daß man ihm mit dieser Edition einen »schlechten gefallen. . . erwiesen« habe. Das zweite Sonettbuch, das auch über seine Eindrücke während des römischen Aufenthaltes berichtet, zeigt eine auf Rechtfertigung bedachte Neigung zur Rückschau und läßt die sinnbildliche Naturauffassung deutlicher hervortreten. (Vgl. dazu bes. den Tageszeitenzyklus, der die für die gesamte Sammlung charakteristische eschatologische Sichtweise einführt.) Das Elias-

Schlußsonett wird mit G.s Selbstverständnis in Verbindung gebracht.

»Son- undt Feyrtags-Sonnete« (3. und 4. Buch Sonette)
Die Sonn- und Feiertagssonette erschienen erstmals 1639 in Leiden. Ihre genaue Entstehungszeit läßt sich nur annähernd erschließen. Im wesentlichen sind sie während der Jahre 1636 und 1637 entstanden, doch ist anzunehmen, daß weitere Texte und Überarbeitungen noch 1638 angefertigt wurden. 58 der 65 Sonntagssonette fanden als drittes Buch der Sonette Aufnahme in der eben genannten Ausgabe von 1650. Erst 1657 wurden die Sonn- und Feiertagssonette, nun als 3. und 4. Buch Sonette, wieder unverstümmelt abgedruckt.

Krummacher hat – Anregungen und Einsichten früherer Forscher aufgreifend – ausführlich dargelegt, in welchem Umfang die 100 Gedichte (65 Sonn- und 35 Feiertagssonette) der Tradition der Perikopenliteratur verpflichtet sind. Weisen Motive und Exegese-Verfahren allgemein auf den Zusammenhang mit dieser durch Schule und Kirche weithin bekannten Literatur hin, so lassen sich zahlreiche direkte Abhängigkeiten von den Evangelien-Epigrammen und -gebeten des *J. Heermann* (»Exercitium Pietatis« 1630 und »SchließGlöcklein« 1632 bzw. früheren Fassungen) sowie von *J. Arndts* »ParadißGärtlein« 1612 nachweisen. Auch *V. Herbergers* »HertzPostille« 1613 zeigen sich G.s Sonette verwandt, ohne daß der Nachweis direkter Einflüsse möglich ist. Besondere Bedeutung gewinnt Heermann wohl auch dadurch, daß er als Vermittler von Opitz' Reformbestrebungen angesehen werden darf.

Der Vergleich mit der Perikopenliteratur widerlegt die Annahme einer irenisch bedingten Annäherung an den Katholizismus und macht zugleich die besondere Leistung von G. deutlich; durch thematische Konzentration, Knappheit und Geschlossenheit, die gerade auch durch die kunstvolle Verwendung von Bildern und rhetorischen Figuren erreicht wird, gelingen ihm Texte, die den Charakter des unmittelbar Bekenntnishaften besitzen. Spätere Vertreter dieser Tradition, darunter der direkt von G. beeinflußte *F. Cahlen*, reichen auch nicht annähernd an diese poetische Leistung heran.

Sonette aus dem Nachlaß
In die Ausgabe der 1698 veröffentlichten Werke seines Vaters nahm Christian G. 71 vorher nicht veröffentlichte Sonette aus dem Nachlaß des Dichters auf. Sie sind darin, abweichend von

der Zählung in früheren Ausgaben, als das dritte Buch Sonette eingeordnet. Die Mehrzahl dieser von Christian leicht »verbesserten« Gedichte entstand nach G.s Abreise aus Straßburg (1647); die übrigen gehören offensichtlich noch den Leidener Jahren bzw. der unmittelbar vorausgehenden Zeit an. In dieser Sammlung wurden sieben an Eugenien gerichtete Sonette zu einem Zyklus zusammengestellt, die trotz konventioneller Einkleidung die persönliche Betroffenheit des Autors noch deutlicher erkennen lassen.

b) Oden

»Oden. Das erste Buch«

Gleichzeitig mit dem ersten Buch »Sonette« veröffentlichte G. 1643 in Leiden sein erstes Buch »Oden«. Diese Texte entstanden während des Leidener Universitätsaufenthaltes und wurden nach einer Überarbeitung in der Ausgabe 1650 erneut abgedruckt.

Im Unterschied zu Weckherlin und Opitz handelt G. in den pindarischen Oden biblische Themen ab und verleiht dieser Sonderform durch eine besonders kunstvolle Gestaltung eine herausragende Qualität. Die drei Odenbücher enthalten insgesamt 20 Strophenlieder und 16 pindarische Oden. Nur fünf fanden nach 1668 Aufnahme in Gesangbüchern. Man hat dies auf den persönlichen Ton zurückgeführt und von einem mangelnden Bezug zu einer Gemeinde gesprochen, so daß jetzt auch der Bezeichnung geistliches Lied gegenüber Kirchenlied entschieden der Vorzug gegeben wird. Trotz der souveränen künstlerischen Gestaltung kann nicht übersehen werden, daß viele Gedichte sich als sehr textnahe Bibelparaphrasen erweisen, wobei das Alte Testament bevorzugt wird. Ihre persönliche Note gewinnen diese Sammlungen durch einen vorherrschenden Klage-Gestus, den G. selbst als Ausdruck seiner spezifischen Welthaltung verstand. Der Gothaer Organist *W. C. Briegel* vertonte 10 Oden von G.

2. Buch Oden

Diese Sammlung wurde erstmals in der Ausgabe 1650 (»Teutsche Reim-Gedichte«) veröffentlicht und enthält wie das erste Buch 12 Gedichte geistlichen Inhalts mit unterschiedlichem Strophenbau und verschiedenartigen Versformen. Sie entstanden nach 1638. Die Ode Nr. 7 wurde mit einer eigenen Komposition in *Sohrs* »Praxis Pietatis Melica« 1676 aufgenommen.

3. Buch Oden

Das dritte Buch wurde erstmals 1657 in »Andreae Gryphii Deutscher Gedichte Erster Theil« publiziert. Nur ein Gedicht dieser Sammlung läßt einen einigermaßen genauen Schluß auf seine Entstehungszeit zu; es ist eine Paraphrase einer Textstelle aus dem Hohen Lied, die G. für seine eigene Hochzeitsfeier im Januar 1649 verfaßte. Manheimer setzt deshalb die Zeit um 1650 auch für die Entstehung der anderen Stücke dieser Sammlung an. Drei Lieder dieses Buches wurden in Gesangbücher übernommen. Die Ode Nr. 5 findet sich in der »Praxis Pietatis Melica« 1676 und 1680 mit eigener Melodie, ebenso in Sohrs »Vorschmack« von 1683. Die Ode Nr. 8 steht seit 1676 in Sohrs »Praxis«. Die überarbeitete Ode Nr. 11 erscheint gewöhnlich unter S. Dachs Namen. Das letzte Gedicht preist die eheliche Liebe als »Ewger Wollust Vorspiel« und berührt damit ein Thema, das in G.s Dichtungen mehrfach gestaltet wird.

»Thränen über das Leiden Jesu Christi Oder seiner Oden, Das Vierdte Buch

Die »Thränen« erschienen als Einzeldruck zum erstenmal 1652 und wurden als 4. Buch der Oden in die Ausgabe von 1657 übernommen. Sie zählen zu den frühesten Schöpfungen des Dichters und entstanden möglicherweise sogar noch vor den Sonn- und Feiertags-Sonetten (~ 1635). In der Vorrede sagt G. selbst, daß er sie »in erster Blüthe der noch kaum zeitigen Jugend dem Papier vertrauet«. Diese Vorrede enthält zugleich wichtige Auskünfte zur Poetik des geistlichen Liedes im 17. Jahrhundert.

Die 19 Stücke dieser Sammlung behandeln den Leidensweg Christi von der Einsetzung des Abendmahls bis zum Begräbnis des Gottessohnes, wobei nach Aussage des Dichters seine »Art zu schreiben . . . so viel möglich / an die Worte der heiligsten Geschichte gebunden.« Dies ist von Krummacher dahingehend präzisiert worden, daß er die Sammlung als der Tradition der Passionsliteratur zugehörig zeigte, wobei sich G. eng an *J. Bugenhagens* Passionsharmonie anlehnte. Bugenhagens Bemühen galt dem Nachweis, daß die Evangelien einander nicht widersprechen; sein Werk war in lutherischen Gegenden weit verbreitet. Nach Krummacher liegt das Besondere dieser Lieder darin, daß G. »die Eigenart, das Verfahren, die Absichten der lutherischen Predigtzyklen über die Passion in die poetische Behandlung der Passion überträgt, das Neben- und Miteinander von Erzählung und Deutung, deren Zugehör und Gehalt kombiniert mit dem solcher Aufgabe angepaßten, vor allem aus der

Perikopendichtung bekannten Typus des erzählenden Bibelliedes, das sonst auslegende Bestandteile nur in geringerem Umfang besitzt«. (S. 390)

Die Texte der »Thränen. . . « zeigen in der frühen Fassung noch zahlreiche Verstöße gegen poetische Normen; für das Odenbuch wurden sie überarbeitet und durchgehend mit Melodieangaben versehen. Dennoch fanden nur wenige Aufnahme in Gesangbüchern, darunter wiederum in Sohrs »Vorschmack« und »Praxis«. 1663 erschienen alle 19 Lieder in *Janus'* »Passionale Melicum«.

c) Epigramme.

»Epigrammata Oder Bey-Schrifften« (3 Bücher Epigramme)
Unter den vier Publikationen von G., die 1643 in Leiden herauskamen, war auch das erste Buch Epigramme, eine Sammlung von 100 Alexandriner-Gedichten unterschiedlicher Länge. Entstanden sind sie fast ausnahmslos während seines ersten Hollandaufenthaltes. Der Ton dieser Martial und Owen nachgebildeten »kurzen Satiren« ist witzig und teilweise sehr scharf, galt es doch, die allenthalben verbreiteten Laster und Schwächen der Zeitgenossen zu verspotten bzw. zu geißeln. Erst in die Ausgabe von 1663 nahm G. seine Epigramme auf, wobei er sie in drei Bücher aufteilte. Von 97 Gedichten der Leidener Ausgabe gingen – nach Umarbeitung – acht ins erste und 89 ins zweite Buch über. In der Neufassung vereinigt das erste Buch Epigramme fast ausschließlich religiösen Inhalts, während in der Leidener Ausgabe nur die ersten sechs als geistliche Gedichte gelten können. Als 7. Epigramm erschien in der Erstausgabe das vieldiskutierte »Vber Nicolai Copernici Bildt«, in dem noch vom »blinden wahn«, der die Sinne band, die Rede war. Das überarbeitete Gedicht steht an zweiter Stelle des späteren zweiten Buches. Darin finden sich auch mehrere Epigramme »An Eugenien«, die Fragen zur Identität dieses Mädchens aufwerfen. In das dritte Buch wurde eine Reihe der in der damaligen Zeit beliebten satirischen Grabschriften aufgenommen.

G.s Epigramme wirkten auf *Logau* und *Kuhlmann*. In späteren Poetiken werden am häufigsten Logau, Opitz und G. als Epigrammatiker erwähnt.

d) »Kirchhoffs-Gedancken«

Die aus fünfzig Strophen bestehenden Kirchhofsgedanken wurden erstmals in der Ausgabe 1657 veröffentlicht. In der Widmungsvorrede an *J. C. von Gerssdorff*, ein Mitglied im Herren-Ausschuß des Glogauer Fürstentums, äußert sich G. deutlich über die Lasten seines Amtes. Mit Gerßdorff habe er »biß in das sechste Jahr vnterschiedene deß gantzen Landes Wichtigkeiten überleget vnd öffters erwogen / wie einer vnd andern Gefahr zu entgehen: diesem vnd jenem Anstoß zu begegnen / vnd die hartdrückende Lasten / wo nicht abzuweltzen (welches noch zur Zeit vnmöglich) doch zu ertragen.« Damit spielt er sicherlich auf die Auseinandersetzungen mit den Habsburgern in den zurückliegenden Jahren an. Diese Vorrede entstand 1656 auf Gut Schönborn, das G. mit seiner Familie wegen der Pest in Glogau aufgesucht hatte. Die Sammlung ist den Enthusiasmen des Jesuiten *J. Balde* nachgebildet, von denen G. selbst zwei Stücke übersetzte und zusammen mit einer weiteren Übersetzung seines Freundes J. C. von Schönborn den Kirchhofsgedanken anfügte. In der zweiten Edition von 1663 erweiterte G. die Sammlung noch um Czepkos »Red aus seinem Grabe«. Die Kirchhofsgedanken entstanden wahrscheinlich zwischen 1650 und 1656. Trotz der Verarbeitung der Baldeschen Enthusiasmen sind diese Gedichte eine selbständige Leistung des Autors, wie etwa auch ein Vergleich mit J. Heermanns »Todes-Schule« zeigt. G. verbindet u. a. Vorstellungen des mittelalterlichen Totentanzes mit einer detaillierten Beschreibung des menschlichen Leichnams, bei der er offensichtlich anatomische Kenntnisse aus der Leidener Zeit nutzt. So entsteht eine Folge von Bildern, die durch Ekel und Schaudern die Menschen zur Erkenntnis der Vanitas führen sollen. Der Kirchhof dient, wie die vierfache Nennung am Anfang deutlich macht, als Schule des Menschen und Vorbereitung auf sein Ende, dessen Schrecken in einer Vision vom Jüngsten Gericht beschworen wird. Eine deutliche Parallele hierzu findet sich in einer Kirchhofszene von »Cardenio und Celinde«, in der der Held angesichts eines Leichnams zur Weltverachtung und Umkehr gebracht wird.

Eine Entschuldigung am Ende der Widmungsvorrede zu den Kirchhofsgedanken macht deutlich, daß G. sich des Wagnisses einer solchen poetischen Rede durchaus bewußt war.

e) Gedichte aus dem Nachlaß.

»Geistliche Lieder«
Unter diesem Titel veröffentlichte Christian G. 19 geistliche
Gedichte des Vaters, darunter »Morgen- und Abendseuffzer«,
Buß- und Danklieder sowie eine Ode auf die 1658 erfolgte
Krönung Kaiser Leopolds I., von dem er einen Sieg über die
Türken und »Rechtes Gerichte« erhofft. Die Gedichte sind
von Christian nur ganz leicht verändert worden und zeigen
wiederum eine starke Anlehnung an biblische Texte und kirch-
liche Tradition. 14 der 19 Lieder sind bereits in der Überarbeitung von Stegmanns Herzensseufzern, die G. besorgte,
enthalten. Einige Lieder wurden in Gesangbücher aufgenommen.

»Begräbnis-Gedichte«
Neben einigen für die Barockzeit überaus charakteristischen
Gelegenheitsgedichten enthält diese gleichfalls in der Ausgabe
1698 erstmals zusammengestellte Sammlung auch das berühmte
Gedicht »In einer tödlichen Kranckheit«, das G. im Winter
1640/41 in Leiden niederschrieb und mit dem er zu Spekulatio-
nen über ihm widerfahrenes Unrecht Anlaß gab. Einige dieser
Gedichte erschienen vor 1698 in Einzeldrucken.

»Hochzeit-Gedichte«
Mit dieser Spezies der Gelegenheitsdichtung folgt G. dem vielgeübten Brauch der Zeit, einem Brautpaar an seinem Hoch-
zeitstage zu huldigen. Dabei läßt auch er es nicht an Anspielungen auf die Hochzeitsnacht und die zu erwartenden Folgen fehlen. Ein beliebter Anlaß für gesuchte Vergleiche sind oft die Namen der Brautleute. Die Sammlung, von der Teile schon vorher
in Einzeldrucken erschienen, wurde ebenfalls 1698 zusammengestellt.

»Vermischte Gedichte«
Auch diese Gelegenheitsdichtungen wurden erstmals von Christian G. 1698 unter einem selbständigen Titel zusammengefaßt.
Sie stammen zu einem erheblichen Teil aus früheren Drucken
des Dichters oder waren den Werken anderer Autoren gewidmet und vorangestellt. Zu Kontroversen in der Forschung führten insbesondere sehr persönliche Aussagen im »Anderen
Straff-Gedichte«. In diesem Zusammenhang ist interessant, daß
einige der hier mit Vorwürfen bedachten Namen auch als

Adressaten von teilweise sehr scharf anklagenden bzw. bissigen Epigrammen erscheinen.

f) Gemeinschaftsarbeit

»Der Weicher-Stein«

Die drei Beiträge dieser aus einem Wettstreit hervorgegangenen Dichtung wurden 1663 zum erstenmal gedruckt und entstanden etwa 1656. Sie stammen von *J. C. von Gerssdorff* (= Palamedes), mit dem G. als Syndikus der Glogauer Landstände eng zusammenarbeitete, von *J. C. von Schönborn* (= Fontanus), dessen jahrzehntelange Freundschaft der Dichter mehrfach erwähnt, und von G. (= Meletomenus). Über den Anlaß berichtet G. in der Vorrede; danach versammelten sich die Freunde, nachdem sie über ernste Sachen gesprochen hatten, um einen großen, auf einer Wiese liegenden Stein zum Kartenspiel. Auf Vorschlag von Gerssdorff wurde diese Begebenheit poetisch festgehalten. Der allen Unbilden trotzende Stein und seine Umgebung sowie das Kartenspiel der Freunde sind Gegenstand der drei in ihrer poetischen Qualität unterschiedlichen Deutungsversuche.

g) Übersetzung, Bearbeitung

»Übersetzete Lob- Gesänge / Oder Kirchen- Lieder«

Die 17 Übersetzungen altlateinischer Hymnen und eine dreiteilige Kantate unter dem Titel »Thränen und Danck-lid«, die bereits 1657 im Einzeldruck erschien, wurden 1660 ediert, von G. aber nicht in seine Ausgabe der Werke 1663 aufgenommen. Die Entstehungszeit der Texte ist in der Forschung umstritten. Die Kantate entstand mit großer Wahrscheinlichkeit kurz nach der Pestepidemie, die 1656 in Glogau wütete und vor der G. auf das Landgut der Schönborns geflüchtet war. Es wird angenommen, daß auch die Übersetzungen aus den 50er Jahren stammen. Der Terminus Kirchenlieder bezieht sich auf die altkirchliche Herkunft der Vorlagen. Keiner der hier gesammelten Texte dürfte für eine Aufnahme in Gesangbücher bestimmt gewesen sein, vielmehr spricht vieles dafür, daß G. sie für den Solo- oder Chorgesang der Gottesdienste schrieb. Die Anordnung der Lieder folgt – von drei Beispielen abgesehen – dem Kirchenjahr.

Neben Übersetzungen, die sich sehr eng an die Vorlagen halten, gibt es auch freie Bearbeitungen durch rhetorische Aufschwellungen. Insgesamt zeigt sich auch hier die Tendenz zur persönlichen Aussage, wobei die Betonung der Angst und individuelle Erlösungssehnsucht vorherrschen. Die Annahme, wonach einzelne Texte als Zeugnis einer religiösen Rebellion des Verfassers in Anspruch genommen werden könnten, entbehrt jeder Grundlage.

Josua Stegmanns »Himmel Steigente Hertzens Seufftzer Ubersehen und mit newen Reimen gezieret«
Ein Jahr nach dem Tode von G. gab seine Witwe diese Bearbeitung, die möglicherweise noch von ihm zum Druck vorbereitet worden war, heraus. Entstanden ist die Sammlung mit großer Wahrscheinlichkeit erst in den letzten Lebensjahren des Dichters. Bei der Vorlage handelt es sich um ein in vielen Auflagen verbreitetes Erbauungsbuch, dessen Texte G. zum Teil sehr stark überarbeitete. Dabei blieb der Charakter des häuslichen Erbauungsbuches durchaus erhalten.

Der 1665 erstmals erschienene Band enthält auch 16 mit der Sigle A. G. gekennzeichnete Lieder, die entweder von G. selbst stammen oder sehr stark umgearbeitete Vorlagen sind. 14 der 16 signierten Gedichte übernahm Christian G. in die Abteilung »Geistliche Lieder« der Ausgabe von 1698.

Neudrucke:

Sonn- und Feiertags-Sonette. Abdruck der ersten Ausgabe <1639> mit den Abweichungen der Ausgabe letzter Hand <1663>. Besorgt durch *H. Welti.* (Neudr. dt. Litwerke d. 16. u. 17. Jhs. Nr. 37/38.) 1883.
Sonette [Lissaer Sonette]. In: *V. Manheimer:* Die Lyrik des A. G. 1904, S. 251 ff. – Ein photomechan. Nachdruck dieses von Manheimer besorgten Druckes ist in Bd 3 der Palmschen Ausgabe enthalten: A. G. Lyrische Gedichte. 1961, S. 609 ff.
Deutsche Epigramme I. Buch 1643. In: A. G. Latein. u. dt. Jugenddichtungen. Hrsg. v. *F.-W. Wentzlaff-Eggebert.* 1938, S. 191 ff.; photomechan. Nachdruck 1961.
Frühe Sonette. Abdruck der Ausgaben von 1637, 1643 u. 1650. Hrsg. von *M. Szyrocki.* (Neudr. dt. Litwerke. Sonderreihe I.) 1964.
Gesamtausgabe der deutschsprachigen Werke. Bd I: Sonette; Bd II: Oden und Epigramme; Bd III: Vermischte Gedichte. Hrsg. v. *M. Szyrocki.* 1963/64.

Gedichte. Eine Auswahl. Text nach d. Ausgabe letzter Hand v. 1663. Hrsg. v. *A. Elschenbroich.* (Reclams Univ.-Bibl. Nr 8799/8800.) [2]1979. [erstmals 1968].
Sonn- und Feiertagssonette. In: *R. Gerling:* Schriftwort und lyrisches Wort. 1969, S. 47 ff. Vgl. [151].

Literatur:

[103] H. Welti: Geschichte des Sonetts in der deutschen Dichtung. 1884.

[104] *K. Viëtor:* Geschichte der deutschen Ode. 1961. [erstmals 1923]

[105] *G. Müller:* Geschichte des deutschen Liedes vom Zeitalter des Barock bis zur Gegenwart. 1959. [erstmals 1925]

[106] *K. O. Conrady:* Lateinische Dichtungstradition und deutsche Lyrik des 17. Jhs. (Bonner Arbeiten z. dt. Lit. Bd 4.) 1962.

[107] *H. J. Schlüter:* Das Sonett. (Sammlg. Metzler 177.) 1979.

[108] *J. Weisz:* Das deutsche Epigramm des 17. Jhs. (Germanist. Abhdlgn. 49.) 1979.

[109] *I. Scheitler:* Das geistliche Lied im deutschen Barock. (Schr. z. Lit.wiss. Bd 3.) 1982, S. 272 ff.

[110] *V. Manheimer:* Die Lyrik des A. G. Studien u. Materialien. 1904.

[111] *F. Strich:* Der lyrische Stil des 17. Jhds. In: Abhandlg. z. dt. Lit.-gesch. (Festschrift F. Muncker). 1916, S. 21 ff.

[112] *W. Koch:* Das Fortleben Pindars in der deutschen Literatur von den Anfängen bis A. G. In: Euph. 28 (1927), S. 213 ff.

[113] *P. Neyer:* Das geistliche Jahr von Droste-Hülshoff und die Sonn- und Feiertags-Sonette von G. In: An heiligen Quellen 24 (1931).

[114] *H. Cysarz:* Deutsches Barock in der Lyrik. 1936.

[115] *I. Rüttenauer:* ›Lichte Nacht‹. Weltangst und Erlösung in den Gedichten von G. 1940.

[116] *J. Pfeiffer:* A. G. als Lyriker. Über das Dichterische u. den Dichter. 1956. [erstmals 1946/47]

[117] *E. Trunz:* Fünf Sonette des A. G. Versuch einer Auslegung. In: Vom Geist der Dichtung. (Festschrift R. Petsch). 1949, S. 180 ff.

[118] *M. Zeberiņš:* Welt, Angst u. Eitelkeit in der Lyrik des A. G. Diss. Münster 1950 [Masch.].

[119] *K. Ihlenfeld:* Thränen des Vaterlandes. In: Poeten u. Propheten. 1951, S. 301 ff.

[120] *G. C. Schoolfield:* Motion and the Landscape in the Sonnets of A. G. In: Monatshefte 42 (1952), S. 341 ff.

[121] *E. F. E. Schrembs:* Die Selbstaussage in der Lyrik des 17. Jhs. bei Fleming, G., Günther. Diss. München 1953 [Masch.].

[122] *W. Mönch:* Góngora u. G. Zur Ästhetik und Geschichte des Sonetts. In: Roman. Forschgn. 65 (1954), S. 300 ff.

[123] *E. Trunz:* A. G. »Über die Geburt Jesu« – »Thränen des Vaterlandes« – »Es ist alles eitel«. In: Die dt. Lyrik. Bd I. 1956, S. 133 ff. In der Folgezeit mehrfach, z. T. überarbeitet, erschienen.

[124] *E. E. Conradt:* Barocke Thematik in der Lyrik des A. G. In: Neophil. 40 (1956), S. 99 ff.

[125] *H. Schneebauer:* Studien zur Naturauffassung in der geistlichen Lyrik des Barockzeitalters. Diss. Wien 1956 [Masch.].

[126] *E. Wittlinger:* Die Satzführung im deutschen Sonett vom Barock bis zu Rilke. Untersuchungen zur Sonettstruktur. Diss. Tübingen 1956, S. 34 ff. [Masch.].

[127] *A. Weber:* Lux in Tenebris lucet. Zu A. G.s »Über die Geburt Jesu«. In: WW 7 (1956/57), S. 13 ff.

[128] *R. T. Clark:* G. and the Night of Time. In: Wächter u. Hüter. (Festschrift H. J. Weigand). 1957, S. 56 ff.

[129] *F. Martini:* Tränen des Vaterlandes. In: Die dt. Lyrik. Bd 2, ²1962, S. 442 ff. [erstmals 1957].

[130] *E. Trunz:* A. G. »Thränen in schwerer Krankheit«. In: Wege zum Gedicht. Bd I. ²1962, S. 71 ff. [erstmals 1957].

[131] *I. Rüttenauer:* Die Angst des Menschen in der Lyrik des A. G. In: Aus der Welt des Barock. (Festgabe zum 275jährigen Bestehen der J. B. Metzlerschen Verlagsbuchhdlg.) 1957, S. 36 ff.

[132] *H. G. Haile:* The original and revised versions of two early Sonnets by A. G. An evaluation. In: MLQ 19 (1958), S. 307 ff.

[133] *C. von Faber du Faur:* A. G., der Rebell. In: PMLA 74 (1959), S. 14 ff.

[134] *F. Beissner:* Deutsche Barocklyrik. In: Formkräfte der dt. Dichtung. 1963, S. 41 ff.

[135] *R. H. Thomas:* Poetry and song in the German Baroque. 1963, S. 78 ff.

[136] *H.-H. Krummacher:* A. G. und Johann Arndt. Zum Verständnis der »Sonn- und Feiertags-Sonette«. In: Formenwandel. (Festschrift P. Böckmann). 1964, S. 116 ff.

[137] *J. Leighton:* On the interpretation of A. G.s sonett »Es ist alles eitel«. In: MLR 60 (1965), S. 225 ff.

[138] *M. Schindler:* G.'s sonnetts. Studies in imagery. Diss. Ohio 1965 [Masch.].

[139] *E. Trunz:* A. G.s Gedicht »An die Sternen«. In: Dt. Lyrik von Weckherlin bis Benn (Interpretationen. Bd 1. Fischer-Bücherei Bd 695) 1965, S. 19 ff.

[140] *G. Weydt:* Sonettkunst des Barock. Zum Problem der Umarbeitung bei A. G. In: Jb. Schill.ges. 9 (1965), S. 1 ff.

[141] *F. J. van Ingen:* Vanitas und Memento mori in der deutschen Barocklyrik. 1966.

[142] *D. W. Jöns:* Das ›Sinnen-Bild‹. Studien zur allegorischen Bildlichkeit bei A. G. (Germanist.-Abhandlgn. 13.) 1966.

[143] *W. Naumann:* Traum und Tradition in der deutschen Lyrik. 1966, S. 118 ff.

[144] *J. H. Sullivan:* The German Religious Sonnet of the Seventeenth Century. Diss. Berkeley 1966.

[145] *A. G. de Capua:* Two quartets: Sonnet cycles by A. G. In: Monatshefte 59 (1967), S. 325 ff.

[146] *M. Schindler:* Interpretations of »Es ist alles eitel«. In: MLQ 28 (1967), S. 159 ff.

[147] *D. Arendt:* A. G.s Eugenien-Gedichte. In: ZfdPh 87 (1968), S. 161 ff.

[148] *H. Bekker:* G.s Lissa-sonnets. In: MLR 63 (1968), S. 618 ff.

[149] *F. G. Cohen:* A. G.s Sonnet »Menschliches Elend«: Original and Final Form. In: GR 43 (1968), S. 5 ff.

[150] *R. F. Bell:* Critical studies in the Sonntags Undt Feyertags Son-
       nete of A. G. Diss. Illinois 1969. [Masch.].
[151] *R. Gerling:* Schriftwort und lyrisches Wort. Die Umsetzung bi-
       blischer Texte in der Lyrik des 17. Jhs. (Dt. Studien Bd 8.) 1969.
[152] *R. Grimm:* Bild und Bildlichkeit im Barock. In: GRM 50 (1969),
       S. 379 ff.
[153] *M. Schindler:* G.'s religious poetry: the poetic use of the biblical
       word. In: GR 45 (1970), S. 188 ff.
[154] *F. M. Wassermann:* Die Sonette des A. G., Spiegel des Dichters
       und seiner Zeit. In: Papers on language and literature 6 (1970),
       S. 39 ff.
[155] *M. Schindler:* The Sonnets of A. G. Use of the poetic word in the
       seventeenth century. 1971.
[156] *K-.H. Habersetzer:* »Was sind wir als . . . Spill der Zeiten?« Zu
       zwei unbekannten Oden von A. G. In: Wolf. Beitr. 1 (1972), S.
       102 ff.
[157] *K. Richter:* Vanitas und Spiel. Von der Deutung des Lebens zur
       Sprache der Kunst im Werk von G. In: Jb. Schill.ges. 16 (1972),
       S. 126 ff.
[158] *M. Szyrocki:* Himmel Steigente Hertzen Seufftzer von A. G. In:
       Daphnis 1 (1972), S. 41 ff.
[159] *B. Becker-Cantarino:* »Vana Rosa«, from Ausonius to Góngora
       and G. In: Revista Hispánica Moderna 37 (1972/73), S. 29 ff.
[160] *B. L. Spahr:* G. and the Holy Ghost. In: B. L. S.: Problems and
       Perspectives (Arb. z. Mittl. dt. Lit. u. Sprache Bd 9) 1981, S. 111
       ff. [erstmals 1973].
[161] *B. Witte-Heinemann:* Emblematische Aspekte im Gebrauch des
       freien Verses bei A. G. In: Jb. Schill.ges. 17 (1973), S. 166 ff.
[162] *F. Kimmich:* Nochmals zur Umarbeitung der Sonette von A. G.
       In: Euph. 68 (1974), S. 296 ff.
[163] *H.-H. Krummacher:* Das barocke Epicedium. In: Jb. Schill.ges.
       18 (1974), S. 89 ff.
[164] *K. Obermüller:* Studien zur Melancholie in der deutschen Lyrik
       des Barock. 1974.
[165] *H. Steinhagen:* Didaktische Lyrik. Über einige Gedichte des A.
       G. In: Festschrift F. Beißner. 1974. S. 406 ff.
[166] *H.-C. Sasse:* Spirit and Spirituality of the Counter-Reformation
       in Some Early G. Sonnets. Forum for Mod. Lang. Stud. 12
       (1976), S. 50 ff.
[167] *M. Szyrocki:* Vanitas, Vanitatum, et omnia vanitas. In: Frankfur-
       ter-Anthologie. Gedichte und Interpretationen. Bd 2, 1977, S. 13
       ff.
[168] *F. G. Cohen:* The ›Tageszeiten‹. Quartet of A. G.: Convergence
       of Poetry and Meditation. In: Argenis 2 (1978), S. 95 ff.
[169] *W. Kühlmann:* Rezension von Krummacher: Der junge G. und
       die Tradition. In: AfdA 89 (1978), S. 88 ff.
[170] *H. Watanabe-O'Kelly:* Melancholie und die melancholische
       Landschaft. Ein Beitrag zur Geistesgeschichte des 17. Jhs. 1978.

[171] *R. M. Browning/G. Teuscher:* Deutsche Lyrik des Barock. 1618–1723. (Kröners Taschenausg. Bd 476.) 1980, S. 92 ff.

[172] *T. Purayidom:* Man – a stranger in the world. Some notes on recurrent images in select poems of A. G. In: Germ. stud. in India 4 (1980), S. 94 ff.

[173] *H.-G. Kemper:* Gottesebenbildlichkeit und Naturnachahmung im Säkularisierungsprozeß. (Stud. z. dt. Lit. 64.) Bd 1, 1981, S. 275 ff.

[174] *W. Mauser:* A. G. – Philosoph und Poet unter dem Kreuz. Rollen-Topik und Untertanen-Rolle in der Vanitas-Dichtung. – A. G.s »Einsamkeit«. Meditation, Melancholie und Vanitas. – Was ist dies Leben doch? Zum Sonett »Thränen in schwerer Krankheit« von A. G. In: Gedichte und Interpretationen 1, 1982, S. 211 ff., 231 ff. und 223 ff.

[175] *F. G. Cohen:* The strategy of variants: an analysis of A. G.' sonnet »An eine Jungfraw«. In: Simpliciana 4/5 (1983), S. 143 ff.

[176] *Ders.:* The ›Gedancken uber den Kirchhoff und Ruhestaedte der Verstorbenen‹ of A. G.: the structure of a sepulchral ode. In: Mich. Germ. Studies 8 (1983), S. 149 ff.

[177] *L. Forster:* Neo-Latin Tradition and Vernacular Poetry. In: German Baroque Literature. The European Perspective. 1983, S. 87 ff.

[178] *P. W. Tax:* Einige religiöse Sonette des A. G. und die Tradition. Das Kirchenjahr und die Texte der Liturgie. In: Virtus et Fortuna (Festschrift H.-G. Roloff) 1983, S. 460 ff.

[179] *G. Ott:* Die ›Vier letzten Dinge‹ in der Lyrik des A. G. Untersuchungen zur Todesauffassung des Dichters und zur Tradition des eschatologischen Zyklus'. (Europ. Hochschulschr. R. 1, Bd. 714) 1985.

Vg. ferner: *P. Böckmann* [28], *G. Fricke* [22], *H.-H. Krummacher* [66], *W. Mauser* [67], *C. Wiedemann* [77].

h) Lateinische Lyrik

»Epigrammatum Liber I«

Von den 67 lateinischen Epigrammen, die 1643 in Leiden herauskamen, gehen einige auf die Zeit um 1636 zurück. Ein Teil davon ist an Personen gerichtet, denen schon im Lissaer Sonettbuch Texte gewidmet waren oder die auch als Adressaten deutscher Epigramme erscheinen. Wie in der Erstausgabe der deutschen Epigramme beginnt auch die lateinische Sammlung mit Gedichten geistlichen Inhalts. G.s lateinische Epigramme zeigen vielfach Stilmerkmale, die aus manieristischen Texten der Zeit durchaus vertraut sind. Insofern bedürfen frühere abwertende Urteile der Korrektur. Da die folgenden Texte z. T. an entlegenen Stellen sich finden und nicht zusammenhängend neu gedruckt wurden, sind sie hier zur schnelleren Information verzeichnet.

Gelegenheitsgedichte

Latein. Gedicht zum Tode von Friedrich von Niemtzsch. 1638.

Drei latein. Gedichte zur Hochzeit von Christoph Nassov mit Anna Rothe. 1637.

Zwei latein. Gedichte (und ein bislang unbekanntes deutsches Gedicht) zur Hochzeit von Michael Eder mit Barbara Juliane Vechner. 1638.

»Acclamationes votivae . . .« Drei dem Bruder Paul gewidmete latein. Gedichte, die von dem durch Glaubenskämpfe geprägten Schicksal des protestantischen Pfarrers künden. Sie erschienen als Einzeldruck in Lissa. 1638.

Latein. Gedicht im Stammbuch von Thomas Lerch. 1643.

Latein. Gedicht im Stammbuch von Mattias Zimmermann. 1647, (Ident. mit Gedicht für Lerch bis auf zwei Korrekturen).

Latein. Gedicht zum Tode von Margaretha Dorothea Müller. 1648.

Latein. Gedicht zur Hochzeit von Adam Henning mit Ursula Weber. 1649.

Latein. Gedicht zum Tode von Elisabeth Breithorn. 1650.

Latein. Gedicht zum Tode von Hoffmannswaldaus Sohn. nach 1652.

Latein. Epigramm unter Porträtkupfer von Jonston in dessen »Historiae Naturalis de Quadrupedibus libri . . .« Frankfurt a. Main 1650/53.

Latein. Gedicht zur Hochzeit von Gabriel Luther mit Anna Rosina Weise. 1655.

Latein. Gedicht zum Tode von Bartholomäus Willenberger. 1656.

Latein. Gedicht im Brief an Daniel v. Czepko. 1657.

Latein. Widmungsgedicht zu Johann Jonston: »*Polyhistor* . . .«. 1660.

Latein. Widmungsgedicht zu P. Jakob Sachs von Löwenheim: »ΑΜΠΕΛΟΓΡΑΦΙΑ . .«. 1661.

Latein. Gedicht zur Hochzeit von Samuel von Schaf mit Anna Regina von Jonston und Ziebendorff. 1664.

Neudrucke:

Epigramme, Acclamationes sowie vier latein. Gelegenheitsgedichte. In: A. G.: Latein. u. dt. Jugenddichtungen. Hrsg. v. F.-W. *Wentzlaff-Eggebert*. 1938, photomechan. Nachdruck, mit e. text. Nachtrag, 1961.

Latein. Widmungsepigramm zu Jonstons »Historiae Naturalis . . .«. In: V. *Loewe*: Dr. J. Jonston, ein Polyhistor des 17. Jhs. In: Zs. d. Histor. Ges. f. d. Provinz Posen 23 (1908), S. 171, Anm. 3., Abb. in Sudhoffs Archiv f. Gesch. der Med. 23 (1930), S. 375.

A. G. Drei unbekannte Gedichte (mit Übersetzung von *H. L. Deiters* und einer Notiz von *M. Szyrocki*.) In: Text + Kritik 7/8 1965, S. 16 f.

Latein. Widmungsgedicht zu Jonstons »Polyhistor . . .«. In: *G. Kirchner*: Fortuna in Dichtung und Emblematik des Barock. 1970, S. 51 f.

Latein. Widmungsgedicht zu P. J. Sachs von Löwenheims »ΑΜΠΕΛΟΓΡΑΦΙΑ . .«. In: *W. Siwakowska* u. *M. Szyrocki*: Ein lat. Lobgedicht von A. G. In: German. Wratisl. 26 (1976), S. 234 f. *L. Forster*: Iter Bohemicum. In: Daphnis 9 (1980), S. 341 ff. (enthält drei latein. Gedichte zur Hochzeit von Nassov). Vgl. ferner *F. Heiduk* [70].

3. Trauerspiele

1634 gelangt der achtzehnjährige G. in den Besitz von Caussinus' »Tragoediae sacrae«. Die Sammlung enthält fünf Trauerspiele des französischen Jesuiten, die alle religiöse und politische Themen behandeln und den »Typus des um der Gerechtigkeit oder des Glaubens willen schnöde hingerichteten, stolz leidenden, königlichen Menschen« in den Mittelpunkt der Handlung stellen. Das gilt gerade auch für die Felicitas-Tragoedie, in der die Titelheldin der Hinrichtung ihrer Kinder standhaft zuschaut, bevor sie selbst im Kerker verschmachtet. Als ihr Gegenspieler fungiert ein schwacher Machthaber, den böse Ratgeber im Sinne des Machiavellismus zum Mord an der im rechten Glauben Verharrenden verleiten. Damit sind wesentliche Züge des Märtyrerdramas berührt, die in G.s »Catharina« und »Papinianus« besonders deutlich hervortreten. Die Annahme liegt nahe, daß die frühe Bekanntschaft mit diesen Texten G.s Dramenschaffen entscheidend beeinflußte, was eine kritische Auseinandersetzung mit Überzeugungen bzw. Intentionen des Jesuitendramas keineswegs ausschloß. Hinzu kam, daß Caussinus in seinen Tragödien sich an Seneca orientierte, der für das Zeitalter als die Autorität schlechthin galt, und ein Latein verwendete, das vom humanistischen Elegantia-Ideal geprägt ist, einem Ideal, dem die Bemühungen der deutschen Dichtungsreform umfassend verpflichtet sind.

An der Felicitas-Übersetzung von G., die wahrscheinlich erst durch den Holland-Aufenthalt veranlaßt wurde, hat *H. Plard* zugleich den Eigenanteil des Schlesiers herausgearbeitet, der aus der Übersetzung eine Nachdichtung werden ließ. Neben den Bemühungen um größere Anschaulichkeit verraten besonders rhetorische Aufschwellungen den Stilwillen des Schlesiers, der durch pathetische Steigerung und »ekstatische« Erhöhung das Maßvolle des humanistischen Stilideals allenthalben verdrängt. Was schon der junge Lyriker erprobt hatte, wendet nun auch der Dramenübersetzer an.

Von seiner Vorlage entfernt sich G. auch durch Zusätze, die einem praktischen Ziele gelten. Indem er zu lang geratene Partien der reichlich monotonen Tragödie verkürzt und Regieanweisungen einfügt, gibt er sein Interesse für die Darbietung auf dem Theater zu erkennen, das den Dramendichter stets geleitet hat. Das wissen wir seit *W. Flemmings* Studie und wird durch Plards Beobachtungen bestätigt, wonach G. in seinen Trauerspielen durch Gegenintrigen und Peripetien die Monotonie des vorgegebenen Modells wenigstens aufzulockern versuchte. Kann G.s Theatersympathie in einem Zeitalter, dem alles zum ›Theatrum‹ wurde, nicht überraschen, so ist sie zweifelsohne noch durch persönliche Erfahrungen genährt worden, die von Schulactus über Jesuitenaufführungen (bes. während der Danziger Zeit) bis zu den glanzvollen Darbietungen im Theaterleben der Niederlande und Italiens reichen.

Mit den Niederlanden ist eine zweite Quelle angesprochen, aus der G. reichlich zu schöpfen nicht müde wurde. Wieder besitzen wir ein unbezweifelbares Zeugnis dafür in Gestalt einer Übersetzung, die erst der Sohn des Dichters publizierte – die eng der Vorlage folgende Übertragung von Vondels »De Gebroeders«, mit der sich G. offenbar schon in Leiden beschäftigte. Vondels Dramen wie die anderer Holländer haben gleichfalls Senecas Tragödien zum Vorbild, die freilich eine auf Lipsius zurückgehende christliche Interpretation erfahren.

Daß G. Vondels – auch von Sophokles beeinflußtes – Drama übersetzte, ist in mehrfacher Hinsicht aufschlußreich. Die Hauptgestalten der »Gebroeders« sind Saul und David, wobei letzterer als Ebenbild oder ›figura‹ Christi erscheint. G. wird von solcher Figuration in seinen eigenen Werken mehrfach Gebrauch machen und damit den umfassenden Verweischarakter irdischer Geschehnisse noch unterstreichen. Beide Gestalten aber haben zugleich einen festen Platz in der weit verbreiteten politischen Literatur des Zeitalters, wobei Saul als Vertreter machiavellistischer Praktiken und damit der schlechten Staatsräson das Gegenbild zum Gottes Geboten gehorchenden guten Herrscher David abgibt. Die wenigen Eingriffe von G., vor allem die Einrahmung durch Pro- und Epilog, die er Seneca entlehnte, legen die Annahme nahe, daß G. seine Übersetzung nach dem Beispiel der Fürstenspiegel-Tradition anfertigte und so politisch aktuelle Fragen noch deutlicher akzentuierte. Dies war durchaus im Sinne von Lipsius, dessen Moral immer auch auf die politische Wirklichkeit zielte – und es war die verständliche Konsequenz eines Autors, der von frühester Kindheit an sich den politischen Wirren der Zeit ausgeliefert wußte und in seinem Mäzen Schönborn einen glänzenden Theoretiker und ein bedauernswertes Opfer der Politik verloren hatte. Und noch einmal verrät sich das Theaterinteresse, wenn G., wie Plard wohl zurecht vermutet, Regieanweisungen im Anschluß an die Aufführung des Vondelschen Stückes in der Amsterdamer ›Schouwburg‹ einschob.

Die freilich nicht endgültig gesicherten, wohl aber sehr wahrscheinlichen Entstehungszeiten der beiden Übertragungen sprechen dafür, daß G. sich ganz im Sinne der Sprach- und Dichtungsbestrebungen zunächst in Übersetzungen versuchte, bevor er eigene Trauerspiele entwarf. Dabei dürfte der Vergleich mit dem Übersetzer Opitz – er wählte je eine Tragödie von Sophocles und Seneca – insofern aufschlußreich sein, als G. die Exempla der Alten durchaus zu schätzen wußte, aber offenbar unter religiösen und politischen Aspekten jüngeren Texten den Vorzug gab.

Die Vorrede zum ersten Trauerspiel, dem »Leo Armenius«, verrät bereits einen Autor, der seine eigene Position mit Selbstbewußtsein zu vertreten entschlossen ist. Weil sein Leo-Drama nicht »von Sophocles oder Seneca . . . aufgesetzet«, ist es eben »vnser« – ein Haus, so fügt er noch als Schlußpointe an, »zwar nicht groß«, aber »rein vnd mein«. Das trifft eben im Unterschied zu den lediglich auf Glättung bedachten Opitzübersetzungen zu, auch wenn G. dem Jesuitendrama des J. Simon zahlreiche Anregungen verdankt.

Auf ausführlichere Darlegungen zur Poetik meint er verzichten zu können; er wählt einige wenige Stichworte aus, an denen *H.-J. Schings* das – eine lange Tradition verarbeitende und umdeutende – Trauerspiel-Verständnis überzeugend entwickelt hat. Damit begnügt sich G., weil es mehr als genug an programmatischen Erklärungen gibt; er verzichtet sogar auf die übliche Nennung bestimmter Autoritäten. Überhaupt ist er für Kürze in den sonst langen Vorreden, aber auf eine Erinnerung möchte er nicht verzichten: Leo als Griechischer Kaiser werde »auch viel seinem Leser auffweisen . . . / was bey jetzt regierenden Fürsten theils nicht gelobet: theils nicht gestattet wird.« Der die Lektion der vanitas mundi erteilende Dramatiker, dem schon mit seinem Erstling ein an tiefste Geheimnisse des christlichen Glaubens rührendes Werk gelingt, will ebenso zu aktuellen Diskussionen des politischen Lebens beitragen.

Eine ausdrückliche Erwähnung seiner Gewährsmänner macht die opinio communis von der Affinität zwischen Historie und Drama deutlich, die sich keineswegs nur bei Poeten findet. Schließlich benutzt er einen scharfen Ausfall gegen den kurz zuvor erschienenen »Polyeucte« des gefeierten Pierre Corneille zur Darlegung seiner eigenen Pläne. Gegen die Ketzerei des Franzosen, der einem heiligen Märtyrer eine Ehefrau zugesellte, weil er auf »Liebe vnnd Bulerey« nicht verzichten zu können glaubte, werde er schon bald seine »Catharina« ins Feld führen, die »reichlich einbringen sol / was dem Leo nicht anstehen können«. Damit verweist er auf jenes Trauerspiel, das das von G. favorisierte Märtyrer-Modell rein verkörpern wird. Daß er freilich auch »Liebe vnnd Bulerey« nicht aus dem hohen Drama überhaupt verbannt sehen wollte, wohl aber auf eigene Weise gestaltete, beweist sodann sein eigenwilligstes Stück »Cardenio und Celinde«, dessen Stoff ihn gleichfalls schon auf der Rückreise aus Italien beschäftigte.

Ein die damalige Welt erschütterndes Ereignis, die Hinrichtung Karls I. von England, veranlaßte ihn, an seine ersten beiden Dramen anzuknüpfen und sie thematisch wie formal weiterzuführen. In welchem Umfange G. dabei auf das zeitgenössische Schrifttum zu diesem Ereignis und bestimmte Stilisierungen der königsfreundlichen Texte zurückgriff, hat *G. Berghaus* ebenso wie die direkte politische Einwirkungsabsicht des Autors überzeugend nachgewiesen. Nicht nur die auf historische Treue bedachte Umarbeitung des Carolus-Dramas, mit der G. in den letzten Lebensjahren beschäftigt war, sondern auch die Wahl des Papinian-Stoffes zeugen vom großen politischen Interesse des Glogauer Dichters. Auch wenn persönliche Erfahrungen aus der jahrelangen Tätigkeit als Syndikus und der »Widerspruch von geistlicher und weltlicher Amtsauslegung im souveränen Prinzipat« sicherlich eine Rolle gespielt haben, darf gerade beim »Papinianus«, wie *W. Kühlmann* dargelegt hat, die Anknüpfung an die Tradition eines politischen Literaturgenres, die noch ins 16. Jahrhundert zurückreicht, nicht übersehen werden. Der Hinweis auf diese Tradition widerlegt zugleich die Annahme eines Säkularisierungsvorganges am Ende von G.s Trauerspielschaffen. Ordo-Appell, Vanitas-Lektion und konsolatorische Intention bleiben bis zuletzt die Konstituenten der politischen Trauerspiele des Dichters.

G. begründete das Schlesische Kunstdrama, dem er sogleich den persönlichen Stempel seiner theologischen Grundüberzeugung aufdrückt. Dabei folgt er – von einer Ausnahme abgesehen – den zumeist aus Renaissance-Poetiken und -Rhetoriken entnommenen Normen. Das gilt für die Uminterpretation des

Katharsis-Begriffes im Sinne einer christlich-stoischen Moral-lehre ebenso wie für die Beachtung der Stillehre, die die hohe Welt des Hofes als Gegenstand und eine gebundene, dekorative Rede als angemessene Einkleidung fordert. Als weitgehend normenkonform erweist sich G. ferner in bezug auf die gebräuchliche Einteilung in Prolog, ›Abhandlung‹, ›Reyen‹ und Beschluß, die Aktzahl und die drei Einheiten. Dominanz der Rhetorik wie emblematischer Charakter, die der Vernachlässigung kausaler Verknüpfung zugunsten eines »Idealnexus« Vorschub leisten, sind konstitutive Züge seiner Dramen und haben zu einer Irritation geführt, die lange Zeit das Urteil der Forscher beeinflußt und berechtigte Zweifel an Neuinszenierungen geweckt hat. Auf den vieldiskutierten Ausnahmefall des Cardenio-Celinde-Dramas soll an entsprechender Stelle eingegangen werden.

Über mangelndes Interesse an seinen Trauerspielen konnte sich G. selbst nicht beklagen, fanden doch zu seinen Lebzeiten (die Übersetzungen eingeschlossen) mindestens 19 Aufführungen in Breslau bzw. der unmittelbaren Umgebung und mit Sicherheit zwei außerhalb Schlesiens statt. An der Spitze rangiert dabei der Papinian, der schon ein Jahr nach der Veröffentlichung sieben Aufführungen auf der Schulbühne des Breslauer Elisabeth-Gymnasiums erlebte und 1661 auch in Halle gespielt wurde. Als Vorlage für eine Bearbeitung nutzten ihn sodann 1680 junge reformierte Bürger von St. Gallen, mit deren Aufführung sie ein Gegengewicht gegen die pomphaften Feste des Fürstbischofs zu schaffen versuchten. Gewiß nicht uninteressant ist dabei, daß diese Bearbeitung eine antihöfische Tendenz erhielt und der ›Beschluß‹ des Stückes die Freiheit des republikanischen Gemeinwesens pries.

a) »Leo Armenius, Oder Fürsten-Mord Trauerspiel«

Seinen dramatischen Erstling schrieb G., als er nach der Rückkehr aus Italien längere Zeit in Straßburg (1646/47) weilte. Das Manuskript überließ er dem Straßburger Verleger Caspar Dietzel, der es mit einigen Büchern der Oden und Sonette herauszubringen beabsichtigte. Der Druck konnte aus Gründen, die G. in einer in seine Gesamtausgabe von 1657 eingerückten Erklärung selbst angibt, nicht zu Ende geführt werden. Der Frankfurter Johann Hüttner setzte ohne Wissen des Dichters den Druck fort und brachte 1650 eine Ausgabe heraus, die er um einige Dichtungen anderer Autoren vermehrte. Die erste rechtmäßige Edition des Trauerspiels stellt der Abdruck in der

1657er Ausgabe der Werke dar. Das vorausgeschickte Widmungsgedicht an Wilhelm Schlegel trägt das Datum November 1646.

Den Stoff kannte G. aus den Geschichtsbüchern des Johannes Zonaras und Georgios Cedrenus. Leo war ein byzantinischer Feldherr, der 813 den Kaiser Michael I. stürzte und sieben Jahre später das gleiche Schicksal erfuhr; sein Feldherr Michael Balbus verschwor sich gegen ihn und ließ ihn am heiligen Abend ermorden. Zur Bearbeitung des Stoffes wurde G. durch die Tragödie »Leo Armenus« des Jesuiten Joseph Simon angeregt, die er aus einer Abschrift kannte. Simon, der vieles dem englischen Rachedrama entlehnt hat, wendet sich gegen Revolution und Tyrannenmord, auch wenn er Leos Verhalten aus konfessionellen Gründen verurteilt. G. teilt die politische Überzeugung des englischen Jesuiten und versteht Aufstieg und Fall des schwachen Fürsten ebenfalls als Exempel für die Vergänglichkeit alles Irdischen, unterscheidet sich aber im Geschichtsverständnis grundlegend von seinem Vorgänger, indem er Luthers Kreuzestheologie konsequent folgt. Geistererscheinungen und Träume, von den G. auch später ausgiebig Gebrauch macht, spielen schon in diesem Drama eine wichtige Rolle.

G.s nähere Bekanntschaft mit dem holländischen Drama wird gleichfalls in diesem ersten Trauerspiel sichtbar; in einigen Szenen ist er Hoofts »Geeraerdt van Velsen« und – besonders beim Magierauftritt – Vondels »Gysbregt van Aemstel« verpflichtet. Daß der erste Reyen mit dem ersten Stasimon der Sophocleisch-Opitzschen ›Antigone‹ wetteifert, hat Barner überzeugend dargelegt. Das Bibliotheksverzeichnis (vgl. S. 21) führt mehrere Sophocles-Ausgaben an, so daß die Kenntnis des griechischen Originals als sehr wahrscheinlich gelten darf.

Zahlreiche im Drama angesprochene Fragen wie auch das von G. verwendete Deutungsverfahren verweisen auf seine enge Bekanntschaft mit Straßburger Professoren. Trugen der Jurist Biccius und besonders der Staatsrechtler Boecler, der als Anhänger des Absolutismus alle Vorstellungen einer Volkssouveränität verwarf und zugleich einer unbedingten Staatsräson entgegentrat, zur Klärung der schon im Dramenerstling diskutierten aktuellen Probleme bei, so dürfte ein von Dannhauer in der »hermeneutica sacra« entwickeltes Verfahren der Bibelexegese G.s Intention, in der historischen Handlung eine höhere Wahrheit aufleuchten zu lassen, noch gefördert haben. Das entspricht durchaus den Normen jesuitischer Dramatik.

Zu diesem zeichenhaft-typologischen Verweisverfahren unter Einschluß der Emblematik sowie zur Dominanz der Disputatorik und Argumentation im »Leo Armenius« sind in jüngster Zeit überzeugende Untersuchungen vorgelegt worden.

Damit ist zugleich die Fragwürdigkeit von Interpretationen, die unter Vernachlässigung des historischen Kontextes den »Leo« als Schicksalsdrama verstanden oder Balbus' Tyrannenmord zu legitimieren versuchten, evident geworden. Auch wenn *G. Kaisers* Deutung als »Weihnachtsdichtung« einiger Einschränkungen bedarf, bleibt zu konstatieren, daß die von ihm herausgearbeiteten Aspekte wesentliche Einblicke eröffnet haben. Dennoch gibt es noch immer Deutungsversuche, die mit Hilfe der immanenten Methode oder aus moderner ideologiegeschichtlicher Sicht dem zu widersprechen entschlossen sind. Sie wirkten überzeugender, wenn sie in Kenntnis historischer Voraussetzungen und Klarheit der Begriffe anderen Interpretationen nicht nachstünden.

Die Annahme, daß G.s Drama auf offene Deutungsmöglichkeiten angelegt sei, dürfte eher auf Schwierigkeiten zurückzuführen sein, denen sich der moderne, theologisch unzureichend vorgebildete Leser gegenübersieht. Wohl aber kann die der Zeit geläufige Überzeugung eine Rolle gespielt haben, wonach letzte Geheimnisse des christlichen Glaubens nicht unverhüllt dargeboten werden dürfen. Verweist *P. Rusterholz* auf eine Reihe von Fragen, die noch deutlicher Antworten bedürfen, so hat *J. A. Parente* dank eines Vergleichs mit dem Simonschen Text die These vom eindeutigen Bekehrungsdrama leicht korrigiert und den »Leo Armenius« als konsequente Umsetzung der Lutherischen Geschichtsauffassung von den drei Zeitaltern überzeugend interpretiert. Danach gestaltete G. dieses erste Trauerspiel zu einem religiösen Text, der wie die Bücher des Neuen Testaments den Sieg der Gnade über das Gesetz verkündet.

Der »Leo Armenius« ist das erste deutsche Drama, das ins Niederländische übersetzt wurde – 1659 vom Schauspieler Adriaan Leeuw. Neben z. T. aus praktischen Gründen vorgenommenen Umstellungen und Vereinfachungen erfährt das Stück eine Umdeutung, die in bezug auf die aktuelle politische Diskussion von Interesse ist. Bei Leeuw wird Leo zum strafwürdigen Tyrannen, und Michael Balbus erscheint nun als Werkzeug göttlicher Gerechtigkeit.

Nach einer Mitteilung von G. im Vorwort zum »Papinianus« wurde das Drama von der Breslauer Schulbühne aufgeführt. Ein in der British Library befindliches Szenar legt die Annahme nahe, daß das Stück 1659 oder 1660 in Regensburg gespielt worden ist. 1666 fand eine Aufführung in St. Gallen statt. Angaben über Aufführungen durch Wandertruppen in Köln und Frankfurt konnten nicht bestätigt werden. 1723 kam das Stück mehrmals in Rudolstadt zur Aufführung.

Neudrucke:

Zwei Trauerspiele. Hrsg. von *E. Lunding.* (Deutsche Texte. I.) 1938.
Leo Armenius. In: Das Zeitalter des Barock. Texte u. Zeugnisse. Hrsg. v. *A. Schöne.* 1963, S. 468 ff. ²1968, S. 508 ff.
Gesamtausgabe der deutschsprachigen Werke. Bd V: Trauerspiele II. Hrsg. v. *H. Powell.* 1965, S. 1 ff.
Leo Armenius. Trauerspiel. Hrsg. von *P. Rusterholz.* (Reclams Univ.-Bibl. Nr. 7960) 1971, ²1979.
G. Spellerberg: Szenare zu den Breslauer Aufführungen G.scher Trauerspiele. In: Daphnis 7 (1978), S. 253 ff. (Fotodruck z. Leo Armenius).

Literatur:

[180] *A. Heisenberg:* Die byzantinischen Quellen von G.s »Leo Armenius«. In: Ztschr. f. vgl. Litgesch. NF 8 (1895), S. 439 ff.
[181] *W. Harring:* A. G. u. das Drama der Jesuiten. 1907 (Mit einem Abdruck des Simonschen »Leo Armenus« im Anhang, S. 74 ff.)
[182] *W. Mawick:* Der anthropologische und soziologische Gehalt in G.s Staatstragödie »Leo Armenius«. 1935.
[183] *S. Duruman:* Zum Leo Armenius des A. G. In: Alman dil ve edebiyati dergesi 2 (1955), S. 103 ff.
[184] *H. Plard:* La sainteté du pouvoir royal dans le »Leo Armenius« d' A. G. Auszug aus »Le pouvoir et le sacré«. O. J., S. 159 ff.
[185] *P. Szondi:* Versuch über das Tragische. 1961, S. 80 ff.
[186] *W. Barner:* G. und die Macht der Rede. Zum ersten Reyen des Trauerspiels »Leo Armenius«. In: DVjs. 42 (1968), S. 325 ff.
[187] *G. Kaiser:* »Leo Armenius, Oder Fürsten-Mord.« In: Die Dramen des A. G. Eine Sammlung von Einzelinterpretationen. 1968, S. 3 ff.
[188] *J. H. Tisch:* A. G.: Leo Armenius. An inaugural lecture. 1968.
[189] *P. Schäublin:* A. G.s erstes Trauerspiel »Leo Armenius« und die Bibel. In: Daphnis 3 (1974), S. 1 ff.
[190] *M. S. South:* Leo Armenius oder die Häresie des A. G. Überlegungen zur figuralen Parallelstruktur. In: ZfdPh 94 (1975), S. 161 ff.
[191] *G. F. Strasser:* A. G.s »Leo Armenius«: An emblematic interpretation, In: GR 51 (1976), S. 5 ff.
[192] *K.-H. Habersetzter und G. F. Strasser:* Zum Löwen-Orakel in A. G.s »Leo Armenius«. In: WBN 5 (1978), S. 186 ff.

[193] *F. v. Ingen:* Die Übersetzung als Rezeptionsdokument: Vondel in Deutschland – G. in Holland. In: Mich. Germ. Studies 4 (1978), S. 131 ff.
[194] *M. Beetz:* Disputatorik und Argumentation in A. G.s Trauerspiel »Leo Armenius«. In: LiLi 10 (1980), S. 178 ff.
[195] *J. A. Parente:* A. G. and Jesuit Theatre. In: Daphnis 13 (1984), S. 525 ff.
    Vgl. ferner *W. Eggers* [300], *E. Lunding* [277], *H. Steinhagen* [321].

b) »Catharina von Georgien. Oder Bewehrete Beständigkeit. Trauer-Spiel«

Das Märtyrerdrama »Catharina von Georgien« wurde erstmals in der Ausgabe von 1657 abgedruckt. Nach Stoschs Angabe hat G. das Trauerspiel 1647 in Stettin zu Ende gebracht, doch nimmt die neuere Forschung an, daß es erst in den Jahren 1649/ 50 entstanden ist oder seine entscheidende Überarbeitung erfuhr. G.s eigene Angaben stehen dem nicht entgegen: In der Vorrede zu »Leo Armenius« kündigte er an, daß er dem Leser »aufs eheste« seine Catharina vorzulegen gedenke, und in der Vorrede zur Catharina selbst bemerkt er, daß »dieser Königin entwurff schier länger bey mir verborgen gewesen; Als sie selbst in den Banden deß Persischen Königs geschmachtet« (d. h. »schier länger« als acht Jahre). Für Stoschs Angabe spricht freilich G.s Hinweis in der ersten Anmerkung zur Catharina: »Worbey zu erinnern daß dieses Trauerspil längst vor dem jämmerlichen Vntergang Caroli Stuardi Königs von Groß-Britanien auffgesetzet«. 1655 erschienen acht Kupfer zur »Catharina«, die von den Breslauern Gregor Bieber und Johann Using nach italienischen Vorbildern hergestellt worden sind. Gewidmet sind sie Luise, Gemahlin des Piastenherzogs Christian von Wohlau, der auf Schloß Ohlau residierte. Die Stichserie war offensichtlich für eine Aufführung gedacht, doch bleibt ungewiß, ob in Ohlau das Drama präsentiert worden ist. Einige wenn auch nicht tiefgreifende Textänderungen nahm der Dichter beim erneuten Abdruck des Dramas in der Ausgaben von 1663 vor.

In seinem Catharina-Drama bearbeitete G. ein relativ aktuelles Geschehen; die Königin von Georgien wurde 1624 getötet, nachdem sie jahrelang vom Perserschah gefangengehalten worden war. Über das Geschehen berichteten mehrere Zeitgenossen, darunter Claude Malingre, Sieur des Saint-Lazare, in den »Histoires tragiques de nostre temps«, die 1635 und 1641 er-

schienen. Die 16. Erzählung dieser Geschichtensammlung, die
»Histoire de Catherine Reyne de Georgie et des Princes Georgiques
mis à mort par commandement de Cha-Abas Roy de
Perse«, benutzte G. als Quelle.

Entscheidenden Einfluß übte das Drama der Jesuiten aus, die
in jener Zeit auch in Schlesien mit Aufführungen hervortraten.
Einzelne Anregungen empfing G. außerdem von Vondels Tragödien
»Maria Stuart« und »Maeghden«, die ebenfalls Elemente
des Jesuitendramas enthielten.

G.s »Catharina von Georgien« ist durchgehend nach dem
Modell der Märtyrer-Tragödie gestaltet. Der mit der Zeit gegebenen
Verfallenheit dieser Welt an Vergänglichkeit und Tod,
die als Strafe Gottes verstanden wird, trotzt einzig der zum
Martyrium bereite Mensch, das er kraft göttlicher Einwirkung
auf sich zu nehmen vermag. So hat er in der Zeit schon an der
Ewigkeit teil und überwindet er dadurch die Weltangst, der er
sich – im Unterschied zum stoischen Weisen – nicht aus eigener
Kraft entziehen kann. An seiner Standhaftigkeit – der ›constantia‹ – hat
die providentia unmittelbar Anteil. Durch die bewußte
und gewollte Annahme des Leidens wird er zum Blutzeugen
Christi, dessen Passion er nachlebt. Dieser Aufschwung aus der
Zeit in die Ewigkeit erfüllt ihn mit einer Freude, die den Genuß
der ewigen Glückseligkeit vorwegnimmt.

Catharina, die für Familie, Vaterland und Gott streitet, ist in
diesem Sinne eine vollkommene Märtyrerin. Nach Überwindung
ihrer Weltangst nimmt sie ihr Schicksal entschlossen auf
sich und vollendet so den Weg, den die Passion Christi vorgezeichnet
hat. Ihr Streben wird zum freudigen Triumph über das
Leben in dieser Welt und seine Hinfälligkeit. So ist nicht ihr Gegenspieler,
der Perser-Schah, sondern sie die Siegerin dieses
Spiels, und der scheinbar mächtige Chach-Abas, der durch
seine Liebe zur gefangenen Königin verwandelt wurde, tritt als
ein Vernichteter von der Bühne ab.

Christliches und stoisches Gedankengut sind in dieser Konzeption
des Märtyrers vereinigt; bereits in der patristischen Literatur
wird diese Verschmelzung sichtbar, die dann Lipsius in
seinen Schriften, mit denen G. bekannt war, aufgreift. Es gehört
zu den Verdiensten *H. J. Schings'*, die Verbindung der stoisch-christlichen
Tradition aufgezeigt und ihre Ausformung in den
Märtyrerdramen des G. mit bewundernswerter Klarheit dargelegt
zu haben.

Zeichnet sich G.s zweites Drama durch eindeutige Konfrontationen
von ›Idealtypen‹ aus, so enthüllt es zugleich den durch-

gehend paradoxen Charakter der von Gott abgefallenen Welt. In ihr vermag der Schah noch die russischen Fürsprecher Catharinas zu täuschen und durch Opferung eines ergebenen Hofmannes den Frieden zu retten. Insofern wird die in der Quelle entschieden akzentuierte politische Natur des bei G. von Affekten durchweg gesteuerten Perserfürsten am Ende zumindest angesprochen. Schwierigkeiten bereitet die Deutung von Catharinas letztem Erscheinen.

Neben der bereits erwähnten Wohlauer Aufführung der »Catharina« wissen wir aus dem G.schen Widmungsschreiben zum »Papinian« von Aufführungen des Dramas im Breslauer Elisabeth-Gymnasium. Für den 21. und 25. 8. 1665 sind Aufführungen zum 100jährigen Bestehen des Hallenser Gymnasiums belegt. Aufführungen durch Wandertruppen sind u. a. durch das Weimarer Verzeichnis bezeugt. Einflüsse der »Catharina« lassen sich u. a. im Dramenschaffen Lohensteins und Hallmanns feststellen.

Neudrucke:

Catharina von Georgien: Abdruck der Ausgabe von 1663 mit den Lesarten von 1657. Hrsg. von *W. Flemming.* 1928; 2., verbess. Aufl. 1951; 3., verbess. Aufl. 1955; 4., durchges. Aufl. 1968. (Neudr. dt. Litwerke. Nr 261/62.)
Gesamtausgabe der deutschsprachigen Werke. Bd. VI: Trauerspiele III. Hrsg. v. *H. Powell.* 1966. S. 131 ff.
Catharina von Georgien. Trauerspiel. Hrsg. von *A. M. Haas.* (Reclams Univ. Bibl. Nr. 9751[2]) 1975, ²1981.

Literatur:

[196] *L. Pariser:* Quellenstudien zu A. G.s Trauerspiel »Catharina von Georgien«. In: Ztschr. f. vgl. Litgesch. 5 (1892), S. 207 ff.
[197] *Z. Zygulski:* A. G.s »Catharina von Georgien«, nach ihrer französ. Quelle untersucht. 1932.
[198] *C. Heselhaus:* A. G.s »Catharina von Georgien«. In: Das dt. Drama. Interpretationen. Bd I, 1958, S. 35 ff.
[199] *P. B. Wessels:* Das Geschichtsbild im Trauerspiel »Catharina von Georgien« des A. G. 1960.
   H.-J. Schings: Die patristische u. stoische Tradition bei A. G. 1966, bes. S. 182 ff. Vgl. [45].
[200] *K. Leopold:* A. G. and the Sieur de Saint-Lazare. A study of the tragedy ›Catharina von Georgien‹ in relation to its French source. In: Univ. of Queensland Papers. 1 (1967), S. 47 ff.
   E. M. Szarota: Künstler, Grübler und Rebellen. 1967, S. 190 ff. Vgl. [302].

[201] *H.-J. Schings:* »Catharina von Georgien. Oder Bewehrete Beständigkeit.« In: Die Dramen des A. G. 1968, S. 35 ff. Vgl. [187].
[202] *E. Susini:* Claude Malingre sieur de Saint-Lazare, et son histoire de Catherine de Géorgie. In: Et. Germ. 23 (1968), S. 37 ff. (mit dem franz. Quellentext).
[203] *H. Zielske:* A. G.s Catharina von Georgien auf der Bühne. In: Maske und Kothurn 17 (1971), S. 3 ff.
[204] *G. U.* und *G. R. Gabel:* A. G. Catharina von Georgien. Ein Wortindex. 1973.
[205] *C. A. Bernd:* Conscience und passion in G.s ›Catharina von Georgien‹. In: Festschrift W. Silz. 1974, S. 15 ff.
[206] *G. Gillespie:* A. G.s »Catharina von Georgien« als Geschichtsdrama. In: Geschichtsdrama, hrsg. v. *Neubuhr.* 1980, S. 85 ff.
[207] *H. Zielske:* A. G.s Trauerspiel ›Catharina von Georgien‹ als politische ›Festa Teatrali‹ des Barock-Absolutismus. In: Funde und Befunde z. Schles. Theatergesch. Bd 1 (1983), S. 1 ff.

c) »Cardenio vnd Celinde, Oder Vnglücklich Verliebete. Trauerspiel«

Über die Entstehungszeit des Trauerspiels »Cardenio und Celinde« ist nichts Genaues bekannt. In der Vorrede, die wegen der Erwähnung von Gassendis 1654 erschienener Brahebiographie erst nach diesem Jahr entstanden oder überarbeitet worden sein kann, teilt G. dem Leser mit, daß er während seines Aufenthalts in Amsterdam, wohin er von Straßburg gelangt sei, die Geschichte auf dem Heimweg von einem Bankett den ihn begleitenden Freunden erzählt habe. Auf deren Drängen hätte er zugesagt, die Erzählung schriftlich zu fixieren, sei jedoch bald anderer Meinung geworden und habe sich entschlossen, anstatt »einer begehrten Geschicht-Beschreibung gegenwärtiges Trauer-Spiel« aufzusetzen. Der Amsterdamer Aufenthalt fällt in den Sommer des Jahres 1647. Da er in Stettin wahrscheinlich mit der Arbeit an »Catharina von Georgien« beschäftigt war, wird er sicherlich erst nach der Rückkehr in seine schlesische Heimat Zeit für die Ausarbeitung dieses Trauerspiels gefunden haben. In der Ausgabe von 1657 wurde es erstmals veröffentlicht; dort steht es nach dem »Carolus Stuardus« und der Felicitas-Übersetzung, während es in der Ausgabe von 1663 nach der Übersetzung und vor dem Carolus-Text erscheint.

In Italien, so erfahren wir gleichfalls aus G.s Vorrede, sei ihm »deß Cardenio Begebnüß . . . vor eine wahrhaffte Geschicht mitgetheilet« worden. Wir dürfen freilich annehmen, daß er die Geschichte nicht nur gehört, sondern auch gelesen hat: 1628 veröffentlichte B. Cialdini in Venedig seine »Prodigi d'amore rappresentati in vario novelle dal dottore Montalbano«, eine Übersetzung der 1624 erschienenen Novellensammlung »Sucessos y prodigios de amor« des Spaniers J. P. de Montalvan. Die betreffende Novelle trägt dort den Titel »La fuerça des desengaño«. 1644 kam auch eine französische Übersetzung der Montalvanschen Novellen heraus.

Das Trauerspiel »Cardenio und Celinde« hebt sich von allen anderen des Dichters deutlich ab und gibt noch immer Anlaß zu kontroversen Interpretationen. G. macht in der Vorrede selbst auf das Außergewöhnliche seines Werkes aufmerksam, wenn er bemerkt, daß die Personen »fast zu niedrig vor ein Traur-Spiel« sind, und »die Art zu reden ist gleichfalls nicht viel über die gemeine«. In der Tat verstieß G. hier massiv gegen Normen, wie sie von den Poetiken des Barock aufgestellt wurden. Das gilt für die Ständeklausel, die angemessene Stilhöhe und den Ausgang der Dramenhandlung, wobei freilich schon die Jesuiten auf eine strenge Einhaltung der Ständeklausel – zumeist erklärbar aus ihrer Wirkabsicht – verzichteten. Ob sich G. deshalb als ein sehr selbstbewußter Dichter verrät, ist im Hinblick auf Verstöße bei anderen Autoren einigermaßen schwer zu beantworten. Bestritten wird inzwischen durchweg, daß wegen des Verzichts auf fürstliches Personal G. als Schöpfer des ersten bürgerlichen Trauerspiels in Deutschland angesehen werden muß.

Die Urteile der neueren Interpreten über das von Romantikern wie Literarhistorikern des 19. Jhs. bevorzugte Trauerspiel reichen von »optimistischem Drama« bis »Thanatologie«. Daß derart unterschiedliche Deutungen möglich sind, könnte mit punktuellen Änderungen gegenüber der Vorlage – G. gibt Olympia moralischere Züge – zusammenhängen, die gewisse Inkonsequenzen nach sich ziehen (*B. L. Spahr*). Der Vorredner bezeichnet als seine Absicht die Präsentation zweier kontrastierender Formen der Liebe: »Eine keusche / sitsame vnd doch inbrünstige in Olympien: Eine rasende / tolle vnd verzweifflende in Celinden, abzubilden«. (Wobei auffällt, daß der Titelheld hier nicht genannt wird). Während Olympia und Lysander kraft Einsicht zu einer »sittsamen« Liebe sich läutern, bedürfen die in ihre Brunst verstrickten Titelhelden zu ihrer Bekehrung eines Eingriffs durch höhere Mächte, der, den Intentionen der »Kirchhoffs-Gedancken« vergleichbar, in einer Welt von Verwesung und Tod erfolgt. Danach sagen die beiden Sünder dem Weltleben ab. Mit Cardenios Bekenntnis

»Wer hier recht leben wil vnd jene Kron ererben / Die vns das Leben gibt: denck jede Stund ans Sterben.«

endet das Tauerspiel.

Die auf einfache Kontrastierung zielende Darstellung wird freilich durch andere Züge überlagert, die unterschiedlichen Deutungen offenbar Vorschub leisten. So erfährt z. B. Olympiens Vorbildlichkeit dadurch eine entscheidende Einschränkung, daß sie, von Mißtrauen und weltlichem Ansehen geleitet, dem Bekehrten fast bis zum Ende der Handlung eine Vergebung verweigert. (Ähnlich verhält sich freilich auch die positive Normfigur Palladius im »Horribilicribrifax« gegenüber der Liebenden, Sophia). Die »verzweifelt« Liebenden wiederum werden durch zahlreiche Umstände entlastet, die sie wenigstens teilweise als Opfer erscheinen lassen. (Celindes Herkunft; zeitgen. Krankheitsdiagnose usf.) Ihre Umkehr aus höchster Sündenverstrickung in tiefste Zerknirschung und Buße aber erinnert an das Lukaswort von der Freude über einen Sünder, der Buße tut, und die Rede in der Johannes-Offenbarung »Ach, daß du kalt oder warm wärest.« Indem beide zu entscheidender Stunde der Gnade teilhaftig werden, erfahren sie eine Erhöhung, die der des sterbenden Leo durchaus ähnelt. Im Vergleich dazu wirken Lysander und auch die moralische Normfigur Olympia sehr blaß.

Der heutige Leser sollte aber erkennen, daß G. gerade mit der Person des Cardenio der heraufziehenden Moderne ein warnendes Beispiel vor Augen stellen wollte. Cardenio erweist sich als eine Art Faustgestalt, die mit dem Triumph der Wissenschaft den Menschen als autonom erlebt und so der Selbstliebe bzw. dem Hochmut anheimfällt. Das verbindet ihn mit dem Helden des berühmtesten Jesuitendramas, dem Cenodoxus von J. Bidermann. Von daher sollte nicht übersehen werden, daß manche Einwände in neueren Interpretationen eben dem ›Geist der Moderne‹ selbst entspringen. H. Turks Deutung Cardenios als eines der Hoffart verfallenen, bis kurz vor der Erweckung verstockten Menschen wirkt daher überzeugend, auch wenn eine Reihe von Textstellen noch der genaueren Analyse bedarf.

Der Stoff des Dramas hat mehrere Dichter zur Nachahmung angeregt. In der »Bunten Reihe kleiner Schriften« veröffentlichte Sophie Brentano 1805 eine eigene Version der Cardenio-Celinde-Handlung; 1811 folgte A. v. Arnim mit seinem Werk »Halle und Jerusalem«, und 1826 schrieb Immermann ein Drama mit dem Titel »Cardenio und Celinde«.

G.'s Trauerspiel »Cardenio und Celinde« wurde im Wechsel mit Lohensteins »Cleopatra« vom 28. Febr. bis 3. März 1661 am Breslauer Elisabeth-Gymnasium aufgeführt; die Vorstellungen am 2. März (Cleopatra) und am 3. März (Cardenio und Celinde) waren für den Brieger Herzog und seinen Hof reserviert.

Neudrucke:

Cardenio und Celinde oder Unglücklich Verlibete. Trauer-Spil. In: Deutsche Literatur . . . in Entwicklungsreihen. Reihe: Barockdrama. Hrsg. v. *W. Flemming.* Bd. 1: Das schlesische Kunstdrama. 1930, S. 75 ff. [Flemming druckte nur einen Teil der Vorrede und berücksichtigte nicht das Druckfehlerverzeichnis der Ausgabe 1663.] 2., verb. Aufl. 1965.
Zwei Trauerspiele. Hrsg. v. *E. Lunding.* (Deutsche Texte. I.) København 1938.
Cardenio und Celinde. Ed. with Introduction and Commentary by *H. Powell.* 1961, ²1967.
Gesamtausgabe der deutschsprachigen Werke. Bd. V: Trauerspiele II. Hrsg. v. *H. Powell.* 1965, S. 97 ff.
A. G.: Dichtungen. Hrsg. v. *K. O. Conrady.* (Rowohlts Klassiker d. Lit. u. d. Wissensch. 500/501. Dt.Lit. Bd. 19.) 1968.
Cardenio und Celinde Oder Unglücklich Verliebete. Trauerspiel. Hrsg. v. *R. Tarot.* (Reclams Univ.-Bibl. Nr 8532.) 1968, ²1974.
G. Spellerberg: Szenare. . . . Daphnis 7, S. 249 ff. (Fotodruck zu Cardenio u. Celinde).

Literatur:

[208] *A. Vogeler:* »Cardenio und Celinde« des A. G. u. Shakespeares »Romeo und Julia«. In: Arch. f. d. Studium d. neuer. Sprachen u. Literaturen 79 (1887), S. 391 ff.
[209] *K. Neubauer:* Zur Quellenfrage von A. G.s »Cardenio und Ce linde«. In: Stud. f. vgl. Litgesch. 2 (1902), S. 433 ff.
[210] *G. Eisler:* A. G.: Cardenio und Celinde in der neueren deutschen Literatur. 1913.
[211] *F. Glanz:* Cardenio und Celinde in Novelle und Drama von Cervantes bis Dülberg. 1934.
[212] *E. Castle:* Zur Stoffgeschichte von »Cardenio und Celinde«. In: Archiv. Rom. 23 (1939), S. 242 ff.
[213] *E. Feise:* »Cardenio und Celinde« und »Papinianus« von A. G. In: JEGPh. 44 (1945), S. 181 ff.
[214] *J. Ricci:* Cardenio et Celinde. Etude de Littérature comparée. 1947.
[215] *M. E. Gilbert:* G.s »Cardenio und Celinde«. In: Interpretationen Bd. 2, 1965, S. 11 ff. [erstmals 1950].

[216] *R. Paulin:* G.'s »Cardenio und Celinde« u. Arnims »Halle u. Jerusalem«. Eine vergleichende Untersuchung. 1968.

[217] *H. Turk:* »Cardenio und Celinde, Oder Unglücklich Verliebete.« In: Die Dramen des A. G. 1968, S. 73 ff. Vgl. [187]

[218] *G. Hillen:* A. G.s Cardenio und Celinde. Zur Erscheinungsform und Funktion der Allegorie in den G.schen Trauerspielen. (De proprietatibus litt. Series practica 45). 1971.

[219] *P. Michelsen:* »Wahn«. G.s Deutung der Affekte in »Cardenio und Celinde«. In: Wissen aus Erfahrung (Festschrift H. Meyer). 1975, S. 64 ff.

[220] *B. L. Spahr:* Cardenio und Celinde. In: B. L. S.: Problems and Perspectives 1981, S. 131 ff.

[221] *R. Geissler:* Bürgerliches Trauerspiel – eine literaturgesch. Perspektive der Subjektivität. In: R. G.: Arbeit am literar. Kanon 1982, S. 63 ff.

[222] *F. v. Ingen:* Wahn und Vernunft, Verwirrung und Gottesordnung in »Cardenio und Celinde« des A. G. In: Theatrum Europäum (Festschrift E. M. Szarota). 1982, S. 253 ff.

[223] *J. P. Aikin:* Genre Definition and Genre Confusion in G.'s Double Bill: Cardenio und Celinde and Herr Peter Squentz. In: Coll. Germ. 16 (1983), S. 1 ff.

Vgl. ferner *W. Eggers* [300], *H. Steinhagen* [321].

d) »Ermordete Majestät. Oder
  Carolus Stuardus König von Groß Brittanien. Trauer-Spil.«

Mit der Arbeit an seinem Trauerspiel »Carolus Stuardus« hat G. nach eigenen Angaben schon kurz nach der Hinrichtung Karls I. am 30. Januar 1649 begonnen. War die Tötung des Königs ohnehin Gegenstand leidenschaftlicher Diskussionen in ganz Europa (man schätzt die Zahl der Schriften hierzu auf mehr als 30 000), so kamen bei G. noch persönliche Beziehungen zu Verwandten des englischen Herrschers hinzu. Karl I., Schwiegervater des Winterkönigs, hatte versucht, den bedrängten Pfälzern zu helfen, nachdem die Spanier das Land besetzt hatten. Mit der im holländischen Exil lebenden Tochter des Winterkönigs, der Pfalzgräfin Elisabeth, war G. schon mehrfach während der Leidener Jahre zusammengetroffen. Mit der Schwester des Winterkönigs führte er in Crossen Gespräche, und zur Hochzeit der Elisabeth Marie Charlotte von Pfalz-Simmern mit Herzog Georg III. verfaßte er seine Doppelkomödie »Verliebtes Gespenst/Die geliebte Dornrose«.

Mit den englischen Wirren wurde G. spätestens in Danzig vertraut, wo Zeitungen regelmäßig über die Vorgänge berichteten. Noch größere Informationsmöglichkeiten eröffnete der

Aufenthalt in Leiden und später in Straßburg, wo er mit Sicherheit über die Auseinandersetzungen in England mit dem Staatsrechtsprofessor Boecler diskutierte; der wenig später aus Holland an Boecler geschriebene Brief von G. enthielt Neuigkeiten, die er von englischen Flüchtlingen erhalten hatte. In Leiden traf er erneut mit Salmasius zusammen, der zwei Jahre später (1649) in seiner »Defensio Regia« leidenschaftlich für Karl I. und die Unverletzbarkeit der nur Gott verantwortlichen Majestäten eintrat, was Milton zu einer Gegenschrift veranlaßte.

In einer sorgfältigen Studie hat *G. Berghaus* umfassend die von G. in den der zweiten Dramenfassung angehängten Anmerkungen zum »Carolus« zitierten Quellen analysiert und die Entstehung des Dramas in wesentlichen Zügen nachgezeichnet. Das im 17. Jh. bereits gut entwickelte Zeitungswesen hat es G. zweifelsohne ermöglicht, schon kurz nach der Hinrichtung Karls an die Arbeit zu gehen – noch ehe er die erwähnten Quellen in den Händen hielt. Da die erste Fassung des »Carolus« spätestens am 11. 3. 1650 fertiggestellt war, (mit diesem Datum versah G. das Widmungsgedicht an den Kurfürsten von Brandenburg) dürfen wir unterstellen, daß der Dichter während des ganzen Jahres 1649 mit dem Trauerspiel beschäftigt war.

Widmungsgedicht und Texte legen eine unmittelbare politische Wirkabsicht des Dramenautors nahe. Nach der Tötung seines Vaters bemühte sich Karl II. um Unterstützung durch europäische Fürsten bei der Wiederherstellung der Monarchie. Kaiser Ferdinand III. trat für eine Strafaktion gegen die Revolutionäre ein, fand aber nur beim Brandenburger Kurfürsten Unterstützung. Ihm übersandte G. eine Abschrift seines Carolus-Dramas, in dem er, wie es schon Salmasius in seiner »Defensio« getan hatte, Europas Fürsten zur Rache aufforderte.

Können diese Überlegungen als gesichert gelten, so läßt die weitere Geschichte des Carolus-Dramas eine Reihe von Fragen offen. Nicht eindeutig zu klären ist beispielsweise, weshalb sich G. in der im Januar 1652 verfaßten Vorrede zum vierten Odenbuch darüber beklagt, »daß vnlängst mein Carolus den ich jederzeit an mich zu halten begehret/. . . in vieler ja auch Fürstlicher vnd vortreflicher Personen Hände gerathen« sei, und ferner, warum G. die erste Dramenfassung in seiner Werksammlung 1657 veröffentlichte, obwohl ihm schon damals neue Informationen bekannt gewesen sein müssen, die dann in der Zweitfassung zu wichtigen Veränderungen führten. Am ehesten leuchtet Berghaus' Erklärung für die Klage des Dichters ein, daß nämlich die Abschriften fehlerhaft waren und deshalb der Autor eine Publizierung fürchtete.

Bedenken aber stellen sich ein bei Spekulationen, die die Verzögerung der Veröffentlichung aus politischen Gründen herleiten, weil hier eine keineswegs unumstrittene Deutung des Dramas Verwendung findet. Danach habe G. in einer Zeit allgemeiner politischer Unruhen auch in Deutschland, die den Regensburger Fürstentag 1653/54 veranlaßten, Zurückhaltung bei Diskussionen über die englischen Vorgänge dringend nahezulegen und prorevolutionäre Schriften zu konfiszieren, wegen der objektiven Darstellung der Königsgegner und -mörder mit seinem Drama nicht an die Öffentlichkeit treten wollen. Diese Annahme aber ist schwerlich mit der von Berghaus ebenfalls vertretenen Auffassung von einer politischen Einwirkung zugunsten Karls II. zu vereinbaren. Fraglich schließlich bleibt auch die Hypothese einer bei G. um 1660 sich einstellenden neuen Sicht der englischen Verhältnisse als Erklärungsgrund für die noch entschieden objektivere Darstellung in der zweiten Fassung des Dramas. Danach soll auch G. angesichts der sich etablierenden englischen Republik seine Meinung über die Vorgänge geändert haben.

Bei der Frage, weshalb G. trotz neuer Informationen und Quellen zunächst noch – in der ersten Sammlung seiner Werke – eine fehlerhafte Darstellung veröffentlichte, sollte doch mehr in Erwägung gezogen werden, daß G. womöglich nicht alle Quellen gleich bei ihrem Erscheinen erhalten bzw. intensiv gelesen hat.

Nachdem bereits *K.-H. Habersetzer* und *J. G. Stackhouse* gleichzeitig auf eine wichtige Vorlage für G. hingewiesen hatten (ob G. für die Poleh-Gestalt auch das »Theatrum Europäum« benutzte, wie *R. J. Alexander* annimmt, ist durch J. G. Stackhouses Untersuchung zweifelhaft geworden), ist es Berghaus gelungen, umfassend über die Quellenlage zu informieren und dank ihrer sorgfältigen Auswertung bisherige Fehlurteile zu korrigieren. Danach hat G. mit großer Wahrscheinlichkeit für die Erstfassung neben acht Werken zur älteren Geschichte Großbritanniens folgende Quellen benutzt:

1) Georg Horn: »De Statu Ecclesiae Britannicae«, 1647, die Schrift eines Kalvinisten, der G. eine Reihe von Fakten entnahm.
2) »Englisches Memorial«, 1649, von dem G. mehrere Ausgaben kannte, und das ihm das dramatische Gerüst lieferte.
3) »Außschreiben des Parlaments in Engeland«, 1649, eine der wenigen auf dem Kontinent verbreiteten Schriften, in denen die Revolutio-

näre ihr Vorgehen rechtfertigten. G. benutzte sie stellenweise für die Argumentation der Insurgenten.

4) Εἰκὼν Βασιλικὴ«, 1649, die Verteidigungsschrift aus der Feder Karls I. und des Bischofs Gauden.

5) »Defensio Regia«, 1649, die vom Polyhistor Salmasius, mit dem G. von Leiden her eng bekannt war, stammt und eine rechtliche Würdigung der gesamten Vorgänge enthält. Salmasius nahm die schon in anderen Schriften angelegte Deutung von Karls Schicksal als Martyrium in der Nachfolge der Passion Christi auf und vertiefte sie noch entschieden. G. schloß sich der Argumentation und Deutung umfassend an.

6) Thomas Edwards: »Gangraena«, 1646, wird von G. nur in den Anmerkungen zu seiner Übersetzung von Bakers Erbauungsschriften erwähnt, hat aber womöglich auch bei der Abfassung des Stuardus-Dramas eine Rolle gespielt.

Für die zweite Fassung des Dramas, an der G. wahrscheinlich um 1660 zu arbeiten begann und die in der Ausgabe letzter Hand von 1663 erstmals veröffentlicht wurde, benutzte G. folgende Quellen:

1) George Bate: »Elenchvs. . .«, 1650, eine kompilatorische Schrift des Leibarztes von Karl I., der G. freilich kaum Neuigkeiten entnehmen konnte.

2) Pierre du Moulin: »Regii Sanguinis Clamor ad Coelum. . .«, 1652. Dies ist womöglich die erste Schriften, die zur Umarbeitung Anlaß gaben.

3) »De hodierno Statu Ecclesiarum. . .«, 1654 anonym erschienen. Der Traktat zeigt Sympathien für die Independenten, doch G. verkehrt die Richtung der Aussage ins Gegenteil.

4) Maiolino Bisaccioni: »Historia Delle Gverre Civili. . .«, 1655. Aus dieser Revolutionsgeschichte bezog G. wahrscheinlich Informationen über den Rettungsversuch von Fairfax.

5) Galeazzo Gualdo Priorato: »Historia Delle Reuolutioni. . .«, 1655, die G. nur einmal zitiert, im Zusammenhang mit der Ermordung von Dorislaus.

6) Peter Heylyn: »A Short View. . .«, 1658. Albert Sommer [Übersetzer]: »Der Entsehlte König Carll. . .«, 1660 (Titelauflage einer dt. Übersetzung von 1658). Nach Zesens Schrift die am meisten von G. zitierte Quelle, die Karls Christusnachfolge noch vertieft und seine Menschlichkeit als Familienoberhaupt entschieden hervorvorhebt.

7) Philipp von Zesen: »Die verschmähete/doch wieder erhöhete Majestäht. . .«, 1661. Dieser Text wird 17mal von G. erwähnt. Auch hier spielt der Abschied des Königs von seiner Familie eine wichtige Rolle. Für die Umgestaltung der Fairfax-Figur verdankt G. Zesen, bei dem mehrfach auf Parallelen mit dem Schicksal Hiobs verwiesen wird, womöglich wertvolle Anregungen.

8) Die von G. mehrfach erwähnte »Peinliche Anklage« bezieht sich offensichtlich auf ein Flugblatt, das über Anklagen gegen die Königsmörder berichtete.

Die Wiederherstellung der Monarchie in England (1660 bestieg Karl II. den Thron) und die Bestrafung der Königsmörder gehören sicherlich zu den wichtigsten Anlässen für die Umarbeitung des Carolus-Dramas. Da G. auf eine möglichst authentische Darstellung der englischen Ereignisse bedacht war, sah er sich zur Änderung der Rolle von Fairfax gedrängt; sein Rettungsversuch führte zu einer differenzierten Darstellung der Gegner des hingerichteten Königs. Ihre Bestrafung bestätigte zugleich G.s Voraussage einer göttlichen Gerechtigkeit, die in der Neufassung ebenso wie die Christusparallele in der Leidensgeschichte Karls I. besonders deutlich herausgearbeitet wurde. Durch Umstellungen gewann der Text zugleich an dramatischer Wirksamkeit.

Karls entschiedene Weigerung, auf die Angebote der zu seiner Rettung entschlossenen Verschwörer einzugehen – sie gleicht dem Verhalten des Titelhelden im Trauerspiel »Papinian«, das 1659 herauskam – verstärkt noch die Darstellung des Königs als eines allen Versuchungen widerstehenden Märtyrers. In einer wegweisenden Interpretation hat *A. Schöne* überzeugend dargelegt, daß der Leidensweg Karl Stuarts als »Post-Figuration der Passion Christi« verstanden werden muß. Diese Deutung wird insofern eingeschränkt, als G. damit nicht eine originäre Auslegung der historischen Vorgänge schuf, sondern sich den in zeitgenössischen Schriften vielfach nachweisbaren Stilisierungen des unglücklichen Königs anschloß.

Wer aus der Tatsache, daß die Verschwörer in der zweiten Fassung ausführlicher zu Wort kommen, auf eine veränderte Sicht des Dichters schließen zu dürfen meint, unterschätzt offenbar den Anteil des disputatorischen Moments in den zeitgenössischen Dramen. Dazu gehört gerade die ausführliche Auseinandersetzung mit den Argumenten der Gegenseite, wie auch der »Papinianus« beweist. Wer ferner die Unvereinbarkeit von typologischem Verfahren und Fließen der Zeit behauptet, wird dem Geschichtsverständnis des Dichters und vieler Zeitgenossen auch nicht annähernd gerecht. Die Feststellung, wonach G. mit dem Carolus einen »Beitrag zu einer stärker bürgerlich ausgerichteten deutschen Dramatik geliefert« habe, bedürfte zunächst einmal der Klärung des recht strapazierten Begriffs »bürgerlich«.

Der »Carolus Stuardus« wurde erstmals in der Ausgabe 1657 veröffentlicht und steht dort an dritter Stelle, während die Zweitfassung des Dramas in der Ausgabe von 1663 erst nach der Felicitas-Übersetzung und dem »Cardenio und Celinde« erscheint.

Sichere Kenntnis haben wir nur von Aufführungen dieses Dramas auf dem Zittauer Schultheater (17.–19. 3. 1665) und am Altenburger Gymnasium im Jahre 1671. Über das Datum einer Breslauer Aufführung ist nichts bekannt. Interesse für eine dramatische Gestaltung des Schicksals von Karl I. zeigte T. Fontane. Ein Karl-Stuart-Drama schrieb M. Fleisser.

Neudrucke:

Carolus Stuardus. Ed. with Introduction and Commentary by *H. Powell*. 1955.

Gesamtausgabe der deutschsprachigen Werke. Bd IV: Trauerspiele I. Hrsg. von *H. Powell* 1964. (Der Band enthält beide Fassungen) S. 1 ff. u. S. 53 ff.

Carolus Stuardus. Trauerspiel. Hrsg. v. *H. Wagener* (2. Fassung). (Reclams-Univ.Bibl. Nr. 9366[2]) 1972, ²1982.

Literatur:

[224] *G. Schönle:* Das Trauerspiel »Carolus Stuardus« des A. G. 1933.

[225] *M. E. Gilbert:* »Carolus Stuardus« by A. G.. A Contemporary Tragedy on the Execution of Charles I. In: GLL NS 3 (1949/50), S. 81 ff.

[226] *H. Powell:* The Two Versions of A. G.s »Carolus Stuardus«. In: GLL NS 5 (1951/52), S. 110 ff.

[227] *A. Schöne:* Säkularisation als sprachbildende Kraft. Studien z. Dichtung dt. Pfarrerssöhne. (Palaestra. 226.) 1958, S. 29 ff.; 2., überarbeitete u. ergänzte Aufl. 1968. – Vgl. dazu auch S. 117 ff. in: Die Dramen des A. G. 1968. [187]
E. M. Szarota: Künstler, Grübler und Rebellen. . . 1967, S. 234 ff. Vgl. [302].

[228] *H. W. Nieschmidt:* Truth of Fiction? A Problem of the Source Material for G.s »Carolus Stuardus«. In: GLL NS 24 (1970/71), S. 30 ff.

[229] *K.-H. Habersetzer:* »Tragicum Theatrum Londini«. Zum Quellenproblem in A. G.s »Carolus Stuardus«. In: Euph. 66 (1972), S. 299 ff.

[230] *J. G. Stackhouse:* In Defense of G.s Historical Accuracy. The Missing Source for »Carolus Stuardus«. In: JEGP 41 (1972), S. 466 ff.

[231] *Ders.* G.s Proclamation of Recht in ›Ermordete Majestät‹. A Source and Text Analysis. Diss. Harvard 1973 [Masch.].

[232] *A. Menhennet:* The Three Functions of Hugo Peter in G.s »Carolus Stuardus«. In: MLR 68 (1973), S. 839 ff.

[233] *J. R. Alexander:* A Possible Historical Source for the Figure of Poleh in A. G.s »Carolus Stuardus«. In: Daphnis 3 (1974), S. 203 ff.

[234] *J. G. Stackhouse:* The Mysterious Regicide in G.s Stuart Drama. Who is Poleh? In: MLN 89 (1974), S. 797 ff.

[235] *P. Michelsen:* Der Zeit Gewalt. A. G.: Ermordete Majestät. Oder Carolus Stuardus. In: Geschichte als Schauspiel. Hrsg. v. *W. Hinck.* (suhrk.tschb. 2006). 1981, S. 48 ff.

[236] *K.-H. Habersetzer:* Dichter und König. Fragmente einer politischen Ästhetik in den Carolus-Stuardus-Dramen des A. G., Theodor Fontane und Marieluise Fleisser. In: Theatrum Europäum (Festschrift E. M. Szarota). 1982, S. 291 ff.

[237] *G. Berghaus:* Die Quellen zu A. G.s Trauerspiel »Carolus Stuardus«. Studien zur Entstehung eines historisch-politischen Märtyrerdramas der Barockzeit. (Studien z. dt. Literatur Bd 79).1983.

[238] *Ders.:* A. G.s »Carolus Stuardus« – Formkunstwerk oder politisches Lehrstück? In: Daphnis 13 (1984), S. 229 ff.

Vgl. ferner: *H. Bekker* [59], *F. W. Wentzlaff-Eggebert* [64], *K.-H. Habersetzer* [336].

e) »Großmütiger Rechts-Gelehrter / Oder Sterbender Aemilius Paulus Papinianus. Trauer-Spil«

G.s letztes Trauerspiel »Papinianus« wurde erstmalig 1659 gedruckt und entstand zwischen 1657 (in der in diesem Jahre erschienenen Ausgabe seiner Werke ist der »Papinianus« noch nicht enthalten) und 1659. Über seine Quellen informiert G. selbst in den angefügten Anmerkungen; danach benutzte er insbesondere Schriften von Dio Cassius, Herodianus und Aelius Spartianus.

Das Drama handelt vom Schicksal eines der bedeutendsten römischen Juristen, der unter Marc Aurel und Caracalla diente. Als Caracalla 212, ein Jahr nach Antritt seiner Herrschaft, seinen Bruder und Mitregenten Geta ermordete und dessen Anhänger töten ließ, war auch Papinian unter den Opfern, angeblich weil er sich geweigert hatte, den Mord an Geta zu rechtfertigen. G.s Trauerspiel drängt die Geschehnisse auf einen Tag zusammen. Er vergegenwärtigt die Welt des Hofes sowie die Geschehnisse, die in der Ermordung Getas gipfeln, und stellt diesem von Neid und Haß erfüllten Bereich die »großmütige« Haltung Papinians gegenüber, der sich standhaft weigert, das

Unrecht des Kaisers zu rechtfertigen. Wie Carolus Stuardus weist auch Papinian jede menschliche Hilfe von sich, und ohne zu wanken ist er bereit, für die Gerechtigkeit zu sterben. Papinians Sohn, den der Kaiser als Geisel benutzt, geht dem Vater im Tod voran.

Über den »Papinianus« gibt es seit längerem eine sehr kontroverse Diskussion. Das Drama spielt in einer Epoche der römischen Geschichte, die von der christlichen Religion noch keine wesentlichen Impulse erfuhr. (Im Drama werden die Anhänger der neuen Religion nur am Ende erwähnt.) Papinian selbst erhält wohl die Rolle des Märtyrers, doch er stirbt nicht für den Glauben, sondern für das »heilige Recht«. Eine Reihe von Interpreten hat daraus gefolgert, daß dieses letzte Drama eine Wendung in der Anschauung des Dichters bezeichnet, die mit dem Begriff der Säkularisation charakterisiert werden könne. An die Stelle des von Gottes Willen durchwalteten irdischen Geschehens trete hier ein rein innerweltliches Verhängnis, in dem der Mensch kraft seiner Tugend sein Selbst zu retten entschlossen und fähig sei. Diesen Standpunkt vertrat u. a. *H. Heckmann,* der damit Überlegungen *W. Benjamins* und *G. Frickes* aufgriff. Für ihn ist Papinian die »säkularisierte Figur des Heiligen«, der im Vorgriff auf Gedanken der Aufklärung sein Ich kraft seiner Tugend gegen alle Zufälligkeit trotzig behauptet. Als eine »Versuchung des Ausgleichs« deutet Heckmann die Kritik des Vaters an der starren Haltung des Helden.

Diesen Deutungsversuchen hat *H.-J. Schings* widersprochen und dargelegt, daß G. im »Papinianus« den Grundriß des christlichen Märtyrerdramas durchaus bewahrt und im Anschluß an die stoisch-patristische Tradition das Selbstbewußtsein des Märtyrers christologisch begründet. Kritik erfährt Schings' Untersuchung durch *W. Kühlmann,* der in einer materialreichen Studie überzeugend nachweist, daß es nicht genügt, in der »Frage nach den möglichen Anknüpfungspunkten für G. auf die Patristik (Boethius) oder Lipsius zu verweisen«. Kühlmann hat eine Fülle von Belegen dafür zusammengestellt, daß Papinian als Konfliktmodell absolutistischer Politik im akademischen Schrifttum vom 16. bis ins 18. Jh. seinen festen Platz hatte und schon in der Bodin-Melanchthon-Kontroverse eine praxisbezogene Kritik erfuhr bzw. als »in bono semper sibi constans animus« gepriesen wurde. Im Zusammenhang mit der politischen Diskussion, die Papinian seit langem als Beispiel für eine »transhistorische Verbindlichkeit des Naturrechts« benutzte, erledigt sich auch die Behauptung eines Säkularisierungs-Vorganges. Eine starke Anknüpfung an das politische Schrifttum gilt damit beim »Papinian« ebenso wie schon beim »Carolus Stuardus« als erwiesen.

Von der Rezeption wird das Papinian-Verständnis im Sinne eines politischen Konfliktmodelles noch unterstrichen. G. *Dünnhaupt* verzeichnet erstmals das Szenar einer Aufführung in Halle 1661, das den bezeichnenden Titel trägt: »Wahre Abbildung Eines großmüthigen Rechts-Gelehrten und Zustandes derer jenigen / so in hohen Ehren und Aembtern sitzen...«

Neunzehn Jahre später führten junge reformierte Bürger von St. Gallen sechsmal eine Bearbeitung des »Papinian« auf; sie traten damit bewußt in Konkurrenz zu den pomphaften Festen des Fürstabtes. Die Bearbeitung zeigt eine antihöfische Tendenz; der »Beschluß« betont die Freiheiten des republikanischen Staatswesens, und mythologische Figuren oder Geister werden durch Ratsherren ersetzt.

G.s »Papinianus« wurde schon 1660 siebenmal auf der Bühne des Breslauer Elisabeth-Gymnasiums aufgeführt, am 6. August 1661 sodann in Halle. 1674 folgten die Aufführungen in Altenburg und 1680 in St. Gallen. Der überarbeitete Text der St. Galler Aufführung erschien 1680 in zwei Auflagen. Von den Breslauer und St. Galler Aufführungen sowie der in Halle besitzen wir Szenare. Eine für die Wanderbühne bearbeitete Fassung des »Papinian« ist handschriftlich überliefert, von der 1710 eine Kopie angefertigt wurde. W. *Flemming* hat im 5. Bd der Reihe »Barockdrama« diese Fassung – mit leichten Änderungen – abgedruckt. Der Papinian ist das Drama von G., das am häufigsten von Wandertruppen gespielt wurde. 1677 fand die erste bekannte Aufführung statt, und zwar durch Treu in München, der auch 1685 in Schleißheim das Stück präsentierte. 1690 gab es Velten für den Dresdner Hof in Torgau. Bis zur Mitte des 18. Jhs sind zahlreiche weitere Aufführungen bezeugt, darunter auch in Kopenhagen.

Neudrucke:

Großmüthiger Rechts-Gelehrter oder Sterbender Aemilius Paulus Papinianus. Trauer-Spiel. In: Deutsche Literatur ... in Entwicklungsreihen. Reihe: Barockdrama. Bd I: Das schlesischen Kunstdrama. Hrsg. v. W. *Flemming*. 1930, S. 139 ff.; 2., verb. Aufl. 1965.
Gesamtausgabe der deutschsprachigen Werke. Bd IV: Trauerspiele I. Hrsg. v. H. *Powell*. 1964, S. 161 ff.
Großmütiger Rechtsgelehrter oder Sterbender Aemilius Paulus Papinianus. Trauerspiel. Text der Erstausg., besorgt v. I.-M. *Barth*, mit

e. Nachw. v. *W. Keller.* (Reclams Univ.-Bibl. Nr 8935/36.) 1965, [2]1983.
Großmüthiger Rechts-Gelehrter Oder Sterbender Aemilius Paulus Papinianus. Trauerspiel. A cura di *S. Lupi.* (Collana di classici stranieri. Sezione tedesca) 1965.
A. G. Dichtungen. Hrsg. v. *K. O. Conrady.* (Rowohlts Klassiker d. Lit. u. d. Wissensch. 500/501. Dt. Lit. Bd 19.) 1968.
Grossmütiger Rechtsgelehrter oder sterbender Aemilius Paulus Papinianus. Trauerspiel. Verbess. Text d. Erstausgabe u. Erläut. besorgt v. *G. U. Sanford.* (Europ. Hochschulschr. R. 1, Bd. 220.) 1977.
Grossmüttiger Rechtsgelehrter/Oder Sterbender Aemilius Paulus Papinianus. Trauer-Spil. Faksimile-Druck der Erstausgabe v. 1659. Hrsg. u. eingl. v. *G. Hillen.* (Nachdr. dt. Lit. d. 17. Jhs. Hrsg. v. *B. L. Spahr.* Bd 40.) 1984.
G. Spellerberg: Szenare . . . Daphuis 7, S. 245 ff. (Fotodruck zum Papinianus)

Literatur:

[239] *K. Trautmann:* Der Papinianus des A. G. als Schulkomödie in Speyer (1738). In: Arch. f. Litgesch. 15 (1887), S. 222 f.
[240] *C. Heine:* Eine Bearbeitung des Papinian auf dem Repertoire der Wandertruppen. In: ZfdPh. 21 (1889), S. 280 ff.
[241] *E. Feise:* »Cardenio und Celinde« u. »Papinianus« von G. In: JEGPh. 44 (1945), S. 181 ff.
[242] *H. Heckmann:* Elemente des barocken Trauerspiels. Am Beispiel des »Papinianus« von A. G. 1959.
[243] *F. G. Ryder:* Individualization in Baroque Dramatic Verse. A Suggestion based on G.s Papinianus. In: JEGPh. 61 (1962), S. 604 ff.
[244] *D. Nörr:* Papinian und G. Zum Nachleben Papinians. In: Zs. d. Savigny-Stiftg. f. Rechtsgesch. Rom. Abt. 83 (1966), S. 308 ff.
[245] *D. B. Rolph:* A. G.s Aemilius Paulus Papinianus on the German Itinerant Stage of the late 17th and early 18.th Century. 1967.
     E. M. Szarota: Künstler, Grübler und Rebellen. . . 1967, S. 288 ff. Vgl. [302].
[246] *H.-J. Schings:* »Großmüttiger Rechts-Gelehrter / Oder Sterbender Aemilius Paulus Papinianus«. In: Die Dramen des A. G. 1968, S. 179 ff. Vgl. [187].
[247] *A. Maraka:* Tragoedia genandt Der grossmüthige Rechtsgelehrte Aemilius Paulus Papinianus oder Der Kluge Phantast und wahrhaffte Calender-Macher. 1970.
[248] *K. Kiesant:* Konfliktgestaltung und Menschenbild in A. G.s Trauerspiel »Grossmütiger Rechts-Gelehrter, oder Sterbender Aemilius Paulus Papinianus«. Phil. Diss. d. PH Potsdam 1974. (Vgl. dazu wiss. Zs. d. PH Potsdam 20 [1976], S. 326 ff.).

[249] *K.-H. Habersetzer:* A. G.s und Franz Neumayrs, S. J. »Papinianus« (1659/1733) . . . In: Dt. Barocklit. u. europ. Kultur, Hrsg. v. *M. Bircher* u. *E. Mannack.* 1977, S. 261 ff.

[250] *H. Thomke:* Der Fürstabt und die reformierte Stadt St. Gallen im Theaterwettstreit. Translationsfeste und G.-Aufführungen im 17. Jh. In: Europ. Hofkultur im 16. u. 17. Jh. 1981, S. 551 ff.

[251] *W. Kühlmann:* Der Fall Papinian. Ein Konfliktmodell absolutistischer Politik im akadem. Schrifttum des 16. und 17. Jhs. In: Daphnis 11 (1982), S. 223 ff.

[252] *G. Spellerberg:* Recht und Politik. A. G. »Papinian«. In: Der Deutschunterricht 37 (1985) 5, S. 57 ff.

Vgl. ferner *K.-H. Habersetzer* [336], *H. Steinhagen* [321].

f) Übersetzungen

»Auß dem Lateinischen Nicolai Causini« übersetzte G. die *»Beständige Mutter / Oder Die Heilige Felicitas«,* eine Märtyrertragödie des Jesuiten und Beichtvaters Ludwigs XIII. *Caussinius,* dessen »Tragoediae sacrae« 1621 erschienen waren. Ein Exemplar dieser vier Dramen enthaltenden Ausgabe besaß G. schon 1634. Wann die Übersetzung entstand, ist nicht genau bekannt, doch weist die Verwendung der Bezeichnung »Abhandelung« für Akt auf die Zeit des holländischen Aufenthaltes bzw. die folgenden Jahre hin. Zum erstenmal wurde sie 1657 in der Ausgabe von G.s Werken gedruckt. Caussinius' Drama zielt auf Verherrlichung der römischen Kirche. G. kürzte einiges, fügte Szenenangaben ein und sprengte die strenge Form durch einen pathetisch-anschaulicheren Stil. *H. Plard* spricht daher von einer Nachdichtung. Die an grausamen Qualen reiche Tragödie des Jesuiten, in der die Titelheldin um des Glaubens willen den Tod ihrer sieben Söhne erduldet und zur standhaften Märtyrerin wird, zeigt starke Ähnlichkeiten mit »Catharina von Georgien«, dem ersten Märtyrerdrama des Dichters. Nach *Valentin* habe G. freilich dem Drama »Hermenigildus« sehr viel mehr zu verdanken als der »Felicitas«.

Die Felicitas-Übersetzung wurde 1658 siebenmal im Elisabeth-Gymnasium in Breslau aufgeführt. Weitere Aufführungen fanden am 21. 4., 26. 4. und 6. 5. 1660 in Steinau, am 6. und 11. 7. 1677 am Altenburger Gymnasium und 1703 in Frankenhausen statt.

In der Ausgabe der Werke seines Vaters, die 1698 erschien, druckte Christian G. *»Die Sieben Brüder / Oder Die Gibeoniter«* ab, eine von G. »aus Vondels Niederländischem Trauerspiel in Eyl gesetzte Dolmetschung«. Das Original, *Vondels*

Drama »De Gebroeders«, war 1640 erschienen. Eine Überarbeitung seines Stückes brachte Vondel bereits ein Jahr später heraus. G.s Übersetzung, die vorzügliche Sprachkenntnisse erforderte, diente die erste Fassung als Vorlage, der er weitgehend folgt, wobei er in einigen Fällen sogar holländische Ausdrücke beibehält. Den Stoff hatte Vondel, der mit diesem Drama sich mehr an die Griechen anlehnte, dem 2. Buch Samuel sowie dem Bericht des Josephus im 7. Buche der jüdischen Altertümer entnommen. Von seiner Quelle aber war Vondel darin abgewichen, daß er den Tod der sieben Söhne Sauls auf eine Priesterintrige zurückführte. Diese Deutung suchte G. offenbar durch einen Prolog und Epilog des Geistes Sauls abzuschwächen, wobei er den Prolog wahrscheinlich erst für die Schulaufführung 1652 dichtete. Zweifelsohne nähert G. das Werk den deutschen Sauldramen an, die als Fürstenspiegel konzipiert waren. Aus den von G. eingeführten Bühnenanweisungen schließt Plard, daß er Aufführungen in Amsterdam 1641 oder 1642 sah und so die Übersetzung am Ende des Leidener Aufenthaltes entstand. David Elias Heidenreich nahm bei seiner Übersetzung G.s Text zu Hilfe. Das Stück wurde fünfmal im Breslauer Elisabeth-Gymnasium aufgeführt. Von Christian G. erfahren wir außerdem, daß G. eine Neubearbeitung des Stoffes unter dem Titel »Die Gibeoniter« unternommen hat, die bis zum fünften Akt gediehen war. Das Manuskript dieser Neubearbeitung ist verlorengegangen.

Neudrucke:

Beide Dramen in: Gesamtausgabe der deutschsprachigen Werke. Bd VI: Trauerspiele III. Hrsg. v. *H. Powell.* 1966, S. 1 ff. und 71 ff.
G. Spellerberg: Szenare. . . Daphnis 7, S. 240 ff. (Fotodruck zur Felicitas).

Literatur:

[253] *H. Plard:* Beständige Mutter / Oder Die Heilige Felicitas. Die sieben Brüder / Oder Die Gibeoniter. In: Die Dramen des A. G. 1968, S. 318 ff. und 305 ff. Vgl. [187].
[254] *E. Bonfatti:* Trasposizione e retorica. A. G. e la versione della »Santa Felicita«. In: Studi di letteratura religiosa tedesca in memoria di Sergio Lupi. 1972, S. 285 ff.
[255] *J.-M. Valentin:* Das Jesuitendrama und die literarische Tradition, In: Dt. Barocklit. u. europ. Kultur. 1977, S. 116 ff.
Vgl. ferner *v. Ingen* [193].

Literatur zu den Trauerspielen allgemein:

[256] *R. J. Alexander:* Das deutsche Barockdrama. (Sammlg. Metzler 209.) 1984. [mit Bibliographien zu G.s Trauerspielen und Lustspielen sowie zum Barockdrama allgemein].

[257] *R. A. Kollewijn:* Über den Einfluß des holländischen Dramas auf A. G. 1887.

[258] *L. Wysocki:* A. G. et la tragédie allemande au 17me siècle. 1893.

[259] *F. Spina:* Der Vers in den Dramen des A. G. u. sein Einfluß auf den tragischen Stil. In: Jb. d. Gymn. Braunau i. B. 1895.

[260] *P. Stachel:* Seneca u. das deutsche Renaissancedrama. Studien zur Literatur. und Stilgeschichte des 16. u. 17. Jhs (Palaestra. 46.) 1907.

[261] *W. Harring:* A. G. u. das Drama der Jesuiten. (Hermaea. 5.) 1972. [erstmals 1907].

[262] *P. Knüppelholz:* Der Monolog in den Dramen des A. G. 1911.

[263] *H. Steinberg:* Die Reyen in den Trauerspielen des A. G. 1914.

[264] *J. Liebe:* Die Deutung des Gotteswillens in der Religion und im Drama des A. G. Diss. Leipzig 1923 [Masch.].

[265] *W. Flemming:* Die Form der Reyen in G.s Trauerspielen. In: Euph. 25 (1924), S. 662 ff.

[266] *M. L. du Toit:* Der Monolog und A. G. 1925.

[267] *K. Vretska:* G. u. das antike Drama. In: Mitteil. d. Vereins klass. Philol. in Wien 1925, S. 79 ff.

[268] *M. Blakemore Evans:* The Attitude of A. G. toward the Supernatural. In: Studies in German Literature (Festschrift R. Hohlfeld). 1925, S. 97 ff.

[269] *W. Benjamin:* Ursprung des dt. Trauerspiels. 1928; revid. Ausg. 1963.

[270] *D. Schulz:* Das Bild des Herrschers in der dt. Tragödie. Vom Barock bis zur Zeit des Irrationalismus. 1931.

[271] *W. P. Friedrich:* From ethos to pathos: the development from G. to Lohenstein. In: GR 10 (1935), S. 223 ff.

[272] *H. Kappler:* Der barocke Geschichtsbegriff bei G. (Frankf. Quell. u. Forsch. z. german. u. roman. Philol. 13.) 1980. [erstmals 1936].

[273] *W. Flemming:* Vondels Einfluß auf die Trauerspiele des A. G. In: Neophil. 13 (1928), S. 266 ff., u. 14 (1929), S. 107 ff. u. 184 ff.

[274] *E. Staiger:* Die christliche Tragödie. A. G. u. der Geist des Barock. In: Eckart 12 (1936), S. 145 ff.

[275] *O. Nuglisch:* Barocke Stilelemente in der dramat. Kunst von A. G. u. D. C. von Lohenstein. (Sprache u. Kultur der german. u. roman. Völker. Germanist. Reihe 30.) 1938.

[276] *H. Hildebrandt:* Die Staatsauffassung der schlesischen Barockdramatiker im Rahmen ihrer Zeit. (Rostocker Studienhefte. 6.) 1939.

[277] *E. Lunding:* Das schlesische Kunstdrama. Eine Darstellung und Deutung. 1940.

[278] *C. K. Pott:* Holland – German Literary Relations of the 17th century: Vondel and G. In: JEGPh. 47 (1949), S. 127 ff.

[279] *G. Rühle:* Die Träume u. Geistererscheinungen in den Trauerspielen des A. G. u. ihre Bedeutung für das Problem der Freiheit. Diss. Frankfurt/M. 1952. [Masch.].

[280] *W. Haug:* Zum Begriff des Theatralischen. Versuch einer Deutung barocker Theatralik ausgehend vom Drama des A. G. Diss. München 1952. [Masch.].

[281] *F.-J. Neuss:* Strukturprobleme der Barockdramatik. A. G. und Christian Weise. Diss. München 1955. [Masch.].

[282] *W. Monath:* Das Motiv der Selbsttötung in der deutschen Tragödie des siebzehnten und frühen achtzehnten Jhs (Von G. bis Lessing). Diss. Würzburg 1956. [Masch.].

[283] *H. Bekker:* The Lucifer Motif in the German and Dutch Drama of the Sixteenth and Seventeenth Centuries. Diss. Michigan 1958. [Masch.].

[284] *D. Winterlin:* Pathetisch-monologischer Stil im barocken Trauerspiel des A. G. Diss. Tübingen 1958. [Masch.].

[285] *E. Geisenhof:* Die Darstellung der Leidenschaften in den Trauerspielen des A. G. Diss. Heidelberg 1958. [Masch. vervielf.].

[286] *P. Wolters:* Die szenische Form der Trauerspiele des A. G. 1958.

[287] *R. Alewyn* u. *K. Sälzle:* Das große Welttheater: Die Epoche der höfischen Feste. 1959.

[288] *H. Kindermann:* Theatergeschichte Europas. Bd. 3. 1959.

[289] *H. Plard:* De heiligheid van de koninklijke macht in de tragedie van A. G. In: Tijds v. d. Vrije Univers. v. Brüssel 2 (1960), S. 202 ff.

[290] *K. Ziegler:* Das deutsche Drama der Neuzeit. In: Dt. Philologie Bd. 2. 1960. Sp. 1997–2350.

[291] *W. Welzig:* Constantia und barocke Beständigkeit. In: DVjs 35 (1961), S. 416 ff.

[292] *B. Marquardt:* Geschichte der deutschen Poetik. Bd. 1. 1964. [erstmals 1936].

[293] *H. Plard:* Sénèque et la tragédie d'A. G. In: Les tragédies de Sénèque et le théâtre de la renaissance. 1964, S. 239 ff.

[294] *A. Schöne:* Emblematik u. Drama im Zeitalter des Barock. 1964.

[295] *M. Wehrli:* A. G. u. die Dichtung der Jesuiten. In: Stimmen der Zeit 175 (1965), S. 25 ff.

[296] *G. Grossklaus:* Zeitentwurf und Zeitgestaltung in den Trauerspielen des A. G. 1966.

[297] *G. Hillen:* Erscheinungsformen u. Funktion der Allegorie im Trauerspiel des A. G. 1966.

[298] *L. Rens:* Over het probleem van de invloed van Vondel op de drama's van A. G. In: Handl. v. d. Koninkl. Zuidned. Maatschappij v. Taal-en Letterkunde en Gesiedenis 20 (1966), S. 251 ff.
H.-J. Schings: Die patristische und stoische Tradition bei A. G. Untersuchungen zu den Dissertationes funebres u. Trauerspielen. (Kölner Germanist. Studien. 2.) 1966. Vgl. [45].

[299] W. *Weier:* Duldender Glaube und tätige Vernunft in der Barock-tragödie. In: ZfdPh. 85 (1966), S. 501 ff.

[300] W. *Eggers:* Wirklichkeit u. Wahrheit im Trauerspiel von A. G. (Probleme d. Dichtung. 9.) 1967.

[301] O. *Müller:* Drama und Bühne in den Trauerspielen von A. G. und Daniel Casper von Lohenstein. 1967.

[302] E. M. *Szarota:* Künstler, Grübler und Rebellen: Studien zum europ. Märtyrerdrama des 17. Jhs 1967.

[303] J. H. *Tisch:* Wesen und Sinn der geschichtlichen Realität im deutschen Drama von G. bis Gottsched. In: Le réel dans la littérature et dans la langue. 1967, S. 239 f.

[304] J. *Kaufmann:* Die Greuelszene im deutschen Barockdrama. 1968.

[305] W. A. *Roose:* The sign of man: A study of form in the historical tragedies of A. G. 1969.

[306] H. *Kuhn:* Non decor in regno. Zur Gestalt des Fürsten bei G. . . In: Orbis litt. 25 (1970), S. 126 ff.

[307] T. *Vennemann* u. H. *Wagener:* Die Anredeformen in den Dramen des A. G. 1970.

[308] E. *Bonfatti:* Sentenze e sticomitie nel »Trauerspiel« di A. G. In: Sigma. . . 31 (1971), S. 90 ff.

[309] H. W. *Nieschmidt:* Emblematische Szenengestaltung in den Märtyrerdramen des A. G. In: MLN 86 (1971), S. 321 ff.

[310] H. J. *Schings:* Consolatio tragoediae. Zur Theorie des barocken Trauerspiels. In: Deutsche Dramentheorien, hrsg. v. R. *Grimm.* 1971, S. 1 ff.

[311] G. K. *Schmelzeisen:* Staatsrechtliches in den Trauerspielen des A. G. In: Arch. f. Kulturgesch. 53 (1971), S. 93 ff.

[312] P. *Schütt:* Die Dramen des A. G. Sprache und Stil. (Geistes- u. sozialwiss. Diss.en Nr 11) 1971.

[313] F. *Dietrich-Bader:* Wandlungen der dramatischen Form vom 16. Jh. bis zur Frühaufklärung. Untersuchungen zur Lehrhaftigkeit des Theaters. (Göpp. Arb. z. Germanistik 53.) 1972.

[314] W. *Welzig:* Magnanimitas. Zu einem Zentralbegriff der deutschen Barockliteratur. In: Orbis litt. 28 (1973), S. 192 ff.

[315] R. J. *Alexander:* The Execution Scene in German Baroque Drama. Diss. Wisconsin 1974. [Masch.].

[316] F.-W. *Wentzlaff-Eggebert:* Die deutsche Barocktragödie. In: Belehrung und Verkündigung. 1975, S. 178 ff. [erstmals 1963].

[317] U. *Bornemann:* Anlehnung und Abgrenzung. Untersuchungen zur Rezeption der niederländischen Literatur in der deutschen Dichtungsreform des 17. Jhs. 1976.

[318] R. W. *Nolle:* Das Motiv der Verführung. Verführer und Verführte als dramatische Entwürfe moralischer Wertordnung in Trauerspielen von G., Lohenstein und Lessing. 1976.

[319] G. *Overlack:* Das Absolute als Sprachfigur in den Dramen von G. und Seneca. 1976.

[320] E. M. *Szarota:* Geschichte, Politik und Gesellschaft im Drama des 17. Jhs. 1976.

[321] *H. Steinhagen:* Wirklichkeit und Handeln im barocken Drama. Historisch-ästhetische Studien zum Trauerspiel des A. G. (Stud. z. dt. Lit. Bd. 51.) 1977.

[322] *G. Spellerberg:* Das schlesische Barockdrama und das Breslauer Schultheater. In: Zu Epicharis. 1978, S. 58 ff.

[323] *M. Fuhrmann:* Die Rezeption der aristotelischen Tragödienpoetik in Deutschland. In: Handbuch d. dt. Dramas. 1980, S. 93 ff.

[324] *A. J. Niesz:* Dramaturgy in German drama from G. to Goethe. 1980, S. 20 ff.

[325] *I. Nowak:* Deutsch-niederländische Beziehungen in der Literatur des 17. Jhs. Forschungsstand. In: German. Wratisl. 36 (1980), S. 237 ff.

[326] *K. Reichelt:* Barockdrama und Absolutismus. Studien zum deutschen Drama zwischen 1650 und 1700. (Arb. z. mittl. dt. Lit. Bd. 8.) 1980.

[327] *H. J. Schings:* G., Lohenstein und das Trauerspiel des 17. Jhs. In: Handbuch des dt. Dramas. 1980, S. 48 ff.

[328] *M. Beller:* Über den Gebrauch der Schiffsgleichnisse in politischem Traktat und Drama des Barock. In: Actes du IXe. congrés de l' association intern. de litt. comparée 1. 1980/81, S. 261 ff.

[329] *J. P. Aikin:* And they changed their lives from that very hour: Catharsis and exemplum in the Baroque »Trauerspiel«. In: Daphnis 10 (1981), S. 241 ff.

[330] *G. Spellerberg:* Das Bild des Hofes in den Trauerspielen G.s, Lohensteins und Hallmanns. In: Europ. Hofkultur. 1981, S. 569 ff.

[331] *J. P. Aikin:* German Baroque Drama. 1982.

[332] *M. Kramer:* Disputatorisches Argumentationsverfahren im barocken Trauerspiel – Die politischen Beratungsszenen in den Trauerspielen von A. G. 1982.

[333] *H. J. Schings:* Constantia und Prudentia. Zum Funktionswandel des barocken Trauerspiels. In: Daphnis 12 (1983), S. 403 ff.

[334] *G. Spellerberg:* Barockdrama und Politik. In: Daphnis 12 (1983), S. 127 ff.

[335] *W. Lenk:* Absolutismus, staatspolitisches Denken, politisches Drama. Die Trauerspiele des A. G. In: Stud. z. dt. Lit. d. 17. Jhd. 1984, S. 252 ff.

[336] *K.-H. Habersetzer:* Politische Typologie und dramatisches Exemplum. Studien zum historisch-ästhetischen Horizont des barocken Trauerspiels am Beispiel von A. G. Carolus Stuardus und Papinianus. (Germanist. Abhdlgn. 55) 1985.

4. Lust- und Festspiele.

Ein Übersetzungsversuch bildet offensichtlich auch den Anfang von G.s Beschäftigung mit dem Lustspiel. Es ist eine italienische Komödie des 16. Jhs. von geringem künstlerischen Wert, Razzis Satire auf die Versäumnisse einer Amme. Von den meisten italienischen Komödien jener Zeit hebt sich Razzis Stück durch seinen durchgehenden religiösen Verweischarakter ab. Das erklärt sicherlich G.s Interesse, tat man sich doch im damaligen Deutschland ohnehin schwer mit der vorwiegend auf Belustigung bedachten poetischen Gattung. Ausdrücklich betont dann G. auch in der später geschriebenen Vorrede seine moralische Absicht: Er wolle mit diesem erst spät publizierten Stück auf den Sittenverfall warnend aufmerksam machen, der besonders beim Hausgesinde als Folge des schrecklichen Krieges zu beobachten sei. Das wirkt freilich einigermaßen überraschend, handelt doch die ›Herrschaft‹ in diesem Lustspiel keineswegs weniger sittenwidrig. Damit sind zwei Zielvorstellungen angesprochen, die in G.s eigenen Komödien allenthalben begegnen.

Ungeachtet der Kontroverse um die Verfasserschaft des uns vorliegenden Textes bleibt zu konstatieren, daß G. dem Squentz-Spiel besondere Aufmerksamkeit schenkte. Ähnlich verhält er sich zur gleichen Zeit gegenüber der italienischen Komödie. Damit sind zwei Bereiche genannt worden, die das Theaterspiel im Deutschland des 17. Jhs. nachhaltig beeinflußten; während von England her über den Norden und Osten die Wandertruppen ihren Siegeszug antraten, vermochte im Süden und Westen des Reiches die Commedia dell'arte mehr und mehr Fuß zu fassen. Auch wenn G., wie Anspielungen deutlich verraten, Elaborate dilettantischer Landsleute mit dem »Squentz« aufs Korn nahm, kann nicht übersehen werden, daß er Züge des von Gelehrten vielfach verachteten Wandertheaters aufgriff und in seinen Komödien verarbeitete. So ist es gewiß kein Zufall, daß die Handwerker-Posse früh ins Repertoire der Wandertruppen aufgenommen wurde.

Eine gewisse Freiheit gegenüber den Normen der Poetiken erlaubte sich G. auch als Lustspieldichter. Im Personenverzeichnis des »Squentz« berücksichtigt er offenbar die Opitzsche Ermahnung, wonach nämlich Potentaten nicht in die niedere Gattung der Komödie gehören, indem er die Königliche Familie als »Zusehende« von den »Spielenden« abhebt, doch im Stück selbst wirken die hohen Personen durchaus aktiv mit. Sie fungieren freilich als positive Normfiguren und heben sich dadurch eindeutig von den bäurisch-ungebildeten Handwerker-Schauspielern ab.

Ähnliches gilt sodann von seinem der Commedia dell'arte verpflichteten Scherzspiel »Horribilicribrifax«, das die gesellschaftliche Hierarchie der Zeit nahezu vollständig abbildet und dem Vertreter des Hofes als einer von Weisheit und Gerechtigkeit durchdrungenen höchsten Instanz die letzte Entscheidung überläßt. Wie schon im »Squentz« geben auch hier religiöse Wertvorstellungen den Maßstab der Beurteilung aller Personen ab; wer selbst in höchster Armut »standhaft« bleibt und stets in Demut verharrt, gewinnt das Wohlwollen bzw. die Liebe der höchsten Herrschaften. Eindeutig also ergreift G. Partei für die Zentralgewalt und hilft er bei der umfassenden Sozialdisziplinierung des sich festigenden absolutistischen Staates. So ist es nur zu verständlich, daß er Gelegenheitsdichtungen verfaßte, die als höfische Festspiele regierenden Personen huldigen; sein Majuma-Singspiel feiert die Wahl Ferdinands IV. zum römischen König, während der »Piastus« dem Lobpreis der schlesischen Herzöge aus diesem Geschlecht gewidmet ist. Beide Stücke spiegeln zugleich die schwierige Stellung des politisch tätigen Dichters wider, ehrt er doch in den Piastenherzögen Herrscher, die seine bedrängten Landsleute vor dem direkten Zugriff der katholischen Habsburger bewahren sollten.

Das Mischspiel »Verlibtes Gespenste / Die gelibte Dornrose« ist gleichfalls eine Gelegenheitsdichtung und verrät – besonders im Wunsche nach einem Fortbestehen des Piastenhauses – ebenfalls ein massives politisches Interesse. Besitzen Grundmuster der G.schen Lustspieldichtung bzw. Überzeugungen ihres Autors auch in diesem Werk noch uneingeschränkte Gültigkeit – dazu gehört die religiöse Erhöhung der ehelichen Liebe wie der richtenden Instanz durch den Akt gnadenhafter Vergebung – so treten andererseits einige Züge hinzu, die dem Mischspiel eine besondere Stellung zuzuweisen scheinen. Das hat teilweise zu Deutungen geführt, die das Werk an Komödien des 18. Jhs heranrücken und als eine Vorstufe des sich entwickelnden »bürgerlichen Selbstbewußseins« verstehen, (wobei dieser Terminus freilich noch einer Präzisierung bedürfte). Die in *Mannacks* Aufsatz von 1964 enthaltenen Hinweise sind teilweise kritisch bzw. korrigierend aufgenommen worden, ohne daß aber eine gewisse ›Neuorientierung‹ des Dichters in diesem Werk in Abrede gestellt worden ist.

Festzuhalten bleibt jedoch vorerst, daß G.s letztes Komödienwerk den Normen der Poetik insofern gerecht wird, als das Gesangspiel das »Leben des gemeinen Bürgermannes« (so die durchgehende Formulierung der Poetiken) abbildet und ebenso wie das Scherzspiel auf die Einführung hoher Herrschaften erstmals verzichtet (Vgl. dazu die königliche Familie im »Squentz« und den Statthalter Palladius im »Horribilicribrifax«). Letzteres erklärt vielleicht das Novum, daß die entscheidende Autorität selbst, zum Gegenstand der Verspottung wird. (Der Gerichtsherr zeigt bramarbasierende Züge und entlarvt sich durch falschen Fremdwortgebrauch). Neu ist insbesondere eine differenziertere Zeichnung der Bauern im Scherzspiel, die teilweise noch bei Weise und in der deutschen Lustspieltradition des Barock überhaupt geradezu denunziert werden. Dieser Wandel verbindet sich mit einer Änderung der Komödienstruktur, was durch den Hinweis auf andere Vorbilder nicht erledigt werden kann. Hat man im Hinblick auf das Wiederholungen akzeptierende Reihungsprinzip in G.s Dramen mit Recht von einem »Idealnexus« gesprochen, so bildet das Gesangsspiel hiervon eine Ausnahme; das »Verlibte Gespenst« besitzt zweifellos einen Kausalnexus und bietet so eine spannende Handlung. Wer etwa die ›Aufwertung‹ der Bauern aus der Lutherischen Ständeauffassung zu erklären versucht, sollte doch berücksichtigen, daß G., wie wir aus neueren Untersuchungen zuverlässig wissen, schon sehr früh als entschiedener Lutheraner gelten darf. Weshalb wird erst im Gesangspiel dieses Verständnis wirksam, während im »Squentz« die höchste Autorität, der König, dem bäuerischen Spielleiter die diffamierende Frage stellt: »Was kostet eine Sau so groß als ihr in eurem Dorffe«? Es spricht manches dafür – und dazu gehören auch literarische Zeugnisse –, daß in Folge des Krieges der Bauernstand allmählich eine bessere Beurteilung erfuhr, wobei Überlegungen der Staatsräson eine Rolle gespielt haben könnten.

Da sich das Squentz-Spiel allgemein großer Beliebtheit erfreute – zeitgenössische Berichte lassen auf mehrere Versionen unterschiedlicher Provenienz schließen – kann es nicht überraschen, daß das Stück auch außerhalb des Schulbetriebes zur Aufführung gelangte. Außerordentlich verbreitet, und zwar in allen Literaturgattungen, war auch die Figur des Bramarbas oder Maulhelden mit seiner Sprachmengerei. Der »Horribilicribrifax« aber ist offensichtlich nur auf der Schulbühne aufgeführt worden. (Über eine Neuinszenierung des Stückes in den Berliner Kammerspielen informiert *I. Schiewek* in einem Aufsatz aus dem Jahre 1980). Zahlreiche Neubearbeitungen der »Gelibten Dornrose«, darunter einige mit Übersetzung der Dialektpartien, zeugen von der Beliebtheit dieses Bauernspieles im 19. und 20. Jh.

a) »Absurda Comica. Oder Herr Peter Squentz /
Schimpff-Spiel«

In neueren Untersuchungen ist die Frage, ob wir in dem überlie-
ferten Text des Schimpff-Spieles die Bearbeitung von G. oder
nur dessen Vorlage besitzen, aufgeworfen und unterschiedlich
beantwortet worden. Meldete *D. Brett-Evans* schon 1958 Bedenken hinsichtlich der Authentizität des G.-Textes an, so
stellte ein knappes Jahrzehnt danach *P. Michelsen* eine Reihe
von Argumenten zusammen, die geeignet sind, G.s Verfasserschaft des zu seinen Lebzeiten niemals unter seinem Namen veröffentlichten Stücks in Zweifel zu ziehen. M. führt Lexika des
18. Jhs. an, in denen der ›Squentz‹ als Werk des Altdorfer Professors *Daniel Schwenter* und G. lediglich als Herausgeber bezeichnet wird, verweist ferner auf die einmalige Situation bei
den Squentz-Drucken im Rahmen der zeitgenössischen G.-
Editionen sowie auf das Pseudonym Riesentod, dessen Träger
laut Vorwort vom Bearbeiter unterschieden wird.

Dem letztgenannten Argument ist von den Herausgebern des
bei Reclam erschienenen Squentz-Neudruckes entschieden
widersprochen worden, und zwar aufgrund eines erst neuerdings aufgefundenen Druckes einer Gelegenheitsdichtung,
die ebenfalls das Pseudonym Riesentod trägt und ihrer Meinung nach eindeutig von G. stammt. Ungeachtet dieses wichtigen Belegs bleibt eine gewisse Unsicherheit auch weiterhin
bestehen. Sind die Aussagen der von Michelsen benannten
Zeugen womöglich nicht frei von lokalpatriotischem Interesse, so kann doch nicht übersehen werden, daß schon G. zeit-
lich näherstehende und unverdächtige Schriftsteller sich nicht
eben eindeutig äußern. Eine Zuordnung des ›Schimpff-Spiels‹
zu G. fand ich bislang nur bei *E. Neumeister* (Specimen Dissertationis 1706, S. 42 f), während *D. Morhof* als Beispiele
für ein deutsches possenhaftes Lustspiel »des Daniel Schwenters Possenspiel / Peter Squentz / genannt / wie auch des
Gryphii Horribilicribrifax« (Unterr. v. d. Teutschen Sprache
u. Poesie. . . 1700, S. 670) rühmt und *B. Neukirch* bei der Aufzählung der von ihm geschätzten G.-Komödien den Squentz
nicht nennt (Vorrede zu seiner Anthologie 1. Teil 1697, S.
13).

Vielleicht erklären sich diese Ungereimtheiten am ehesten dadurch, daß G., durch den im Squentz-Vorwort selbst erwähnten Streit um die literarische Vaterschaft verunsichert, Bedenken trug, seine Bearbeitung unter seinem Namen herauszubrin-

gen, weil sie weitgehend Schwenters Stück und wahrscheinlich weiteren Vorlagen verpflichtet ist.

Das verweist zugleich auf die nicht minder schwierige Frage der Einflüsse oder Quellen, zumal Dramatisierungen der Pyramus-Thisbe-Fabel sich im 16. und 17. Jh. besonderer Beliebtheit erfreuten. Daß Schwenter eine Peter-Squentz-Komödie verfaßte, die nicht mit seinem Lustspiel »Seredin und Violandra« identisch ist, steht außer Frage. Solange wir freilich den Inhalt dieses bislang verschollenen Werkes nicht kennen, ist bei der Herleitung Zurückhaltung dringend geboten. Schon seit längerem sind Berichte über Aufführungen von Pyramus-Thisbe-Stücken herangezogen worden, die erstaunliche Ähnlichkeiten mit dem »Schimpff-Spiel« besitzen. Dazu gehören die Beschreibungen einer Nürnberger Aufführung durch *J. B. Schupp* (Der belobte und beliebte Krieg. . . 1663, Vorwort), in der Handwerker-Schauspieler umständlich über die Ausstattung des Löwendarstellers und seine mögliche Wirkung auf furchtsame Jungfrauen oder Schwangere debattieren, sowie *J. Rists* Erzählung von einer Aufführung englischer Komödianten in Hamburg (Die AllerEdelste Belustigung. . . 1666, S. 98 ff.), in der die Verspottung dilettierender, vor königlichem Publikum sich produzierender Handwerker im Vordergrund stand. Da Rist zahlreiche Einzelheiten sehr genau wiedergibt, sind freilich auch die Unterschiede zum »Schimpff-Spiel« nicht zu übersehen.

Neuere Interpreten haben zudem an recht naive Dramatisierungen der Ovid-Fibel erinnert, die am Ausgang des 16. und Beginn des 17. Jhs. entstanden. Beachtung verdient dabei die damals mehrfach gedruckte »Sehr lustige newe Tragedi . . .« von *Samuel Israel*. Dieses Elaborat eines Mannes, dessen Biographie der des Peter Squentz ähnelt, ist freilich kein auf Verspottung zielendes Spiel im Spiel, gerät aber u. a. durch ungewollte Komik etwa bei poetischen Vergleichen oder der Verkündigung der aus der Fabel zu ziehenden schlichten Lehren in verdächtige Nähe der Handwerker-Posse des »Schimpff-Spiels«. Kaum beachtet wurde bisher, daß in diesem Stück zwei Ratsherren mit den von G. verwendeten Namen Eubulus (»Herr Peter Squentz«) und Sempronius (»Horribilicribrifax«) auftreten.

Als sicher kann lediglich gelten, daß der Autor des »Schimpff-Spiels« *Ovids* »Metamorphosen« herangezogen und den *Shakespearschen* »Sommernachtstraum« selbst nicht gekannt hat.

Aufgrund einer historischen Anspielung spricht vieles dafür, daß das »Schimpff-Spiel« in der Zeit zwischen der Rückkehr von der Reise im November 1647 und dem Antritt des Glogauer Amtes im Mai 1650 begonnen, aber erst später fertiggestellt wurde. Es erschien erstmals 1658 oder kurz davor. Ob für die Verzögerung die Beschäftigung »mit wichtigeren Sachen«, wie der fiktive Vorredner anmerkt, oder politische Rücksichtnahmen verantwortlich zu machen sind, wird sich kaum beantworten lassen. Vielleicht könnte auch hierbei hilfreich sein, wenn es gelänge, den Schwenter-Text endlich aufzufinden. Michelsen verweist auf eine Reihe von Spuren, die aufgenommen und intensiv verfolgt werden sollten.

Gehört die religiös fundierte moralische Unterweisung zu den wesentlichen Intentionen des Stückes – der ungelehrte Dorfschulmeister erweist sich als ›dünkelhaft‹, indem er sich an klassischer Dichtung vergreift und in der Hoffnung auf Geld und Ruhm mit unbegabten Laien einem königlichen Publikum aufdrängt *(E. Mannack, G. Kaiser u. A. Schlienger)* –, so wenden sich neuerdings Interpreten *(R. Elsner, E. Mannack)* besonders den politisch-gesellschaftlichen Absichten der Komödie zu. In diesem Zusammenhang finden die Ausführungen *F. Meyer von Waldecks* wieder Beachtung, der überzeugend dargelegt hat, daß der Schimpff-Spiel-Autor auf eine Verspottung der Meistersinger, und besonders des *Hans Sachs,* zielte. Danach verweist die Konfrontation von Zunftangehörigen und Hofleuten auf Konflikte, wie sie sich aus den zentralisierenden Bestrebungen der Zeit ergaben, die der Autor offensichtlich befürwortet. Umstritten ist neuerdings die Frage der Zusammengehörigkeit bzw. thematisch-motivischen Verwandtschaft von »Cardenio und Celinde« und dem Squentz-Spiel.

Der »Herr Peter Squentz« ist bis heute die bekannteste und beliebteste Komödie der deutschen Barockliteratur geblieben. Sie wurde mehrfach für die Bühne neu bearbeitet. Ältere Aufführungen fanden in folgenden Orten statt: Breslau, Heidelberg (1668 und 1730), Dresden (1672), Görlitz (1672 und 1676) und Torgau (1680). Schon 1668 gehörte das Stück zum Repertoire der Wanderbühne.

Neudrucke:

Peter Squentz. Schimpfspiel. Abdruck der Ausgabe von 1663. Hrsg. v. *W. Braune.* (Neudr. dt. Litwerke d. 16. u. 17. Jhs Nr 6.) 1877. – 2. Aufl. Mit e. Vorwort v. *H. Becker* 1955.

Absurda Comica oder Herr Peter Squentz . . . Hrsg. v. *K. Pannier* (Reclams Univ. Bibl. Nr 917.) 1877, ²1931 – 3. Aufl. Mit einer Einführung v. *I. Gentges.* 1939. – Hrsg. v. *H. Cysarz* 1954 u. ö. – Hrsg. v. *S. Streller* 1955.

Herr Peter Squentz. Ed. with Introd. and Comment. by *H. Powell.* Leicester, 1957; ²1969.

Absurda Comica. Oder Herr Peter Squentz / Schimpff-Spiel. In: Das Zeitalter des Barock. Texte u. Zeugnisse. Hrsg. v. *A. Schöne.* 1963; S. 903 ff.; ²1968, S. 1017 ff.

Gesamtausgabe der deutschsprachigen Werke. Bd VII: Lustspiele I. Hrsg. v. *H. Powell.* (Neudr. dt. Litwerke N. F. Bd. 21). 1969, S. 1 ff.

Absurda Comica oder Herr Peter Squentz. Schimpff-Spiel. In: A. G. Die Lustspiele. Hrsg. v. *H. L. Arnold.* (dtv – Bibl. Nr. 6034) 1975, S. 21 ff.

Absurda Comica Oder Herr Peter Squentz. Schimpfspiel. Kritische Ausgabe. Hrsg. v. *G. Dünnhaupt* u. *K.-H. Habersetzer.* (Reclams Univ. Bibl. Nr. 7982.) 1983.

Literatur:

[337] *R. A. Kollewijn:* Über die Quelle des Peter Squentz. In: Arch. f. Litgesch. 9 (1880), S. 445 ff.

[338] *F. Burg:* Über die Entwicklung des Peter-Squentz-Stoffes bis G. In: ZfdA 25 (1881), S. 130 ff.

[339] *E. Schmidt:* Aus dem Nachleben des Peter Squentz u. des Doctor Faust. In: ZfdA 26 (1882), S. 244 ff.

[340] *F. Meyer von Waldeck:* Der Peter Squenz von A. G. eine Verspottung von Hans Sachs. In: Vjschr. f. Littgesch. I (1888), S. 195 ff.

[341] *H. von Weilen:* Aus dem Nachleben des Peter Squenz u. des Faustspiels. In: Euph. 2 (1895), S. 629 ff.

[342] *A. Schaer:* Die Peter Squentz-Komödien. Die dramat. Bearbeitungen der Pyramus-Thisbe-Sage in Deutschland im 16 u. 17. Jh. 1909.

[343] *Ders.* [Hrsg.]: Die deutschen Pyramus-Thisbe-Spiele. 1581–1607. (Bibl. d. litt. Vereins Bd. 225) 1911.

[344] *D. Brett-Evans:* Der ›Sommernachtstraum‹ in Deutschland. 1600–1650. In: ZfdPh. 77 (1958), S. 371 ff.

[345] *G. Kaiser:* »Absurda Comica. Oder Herr Peter Squentz«. In: Die Dramen des A. G. 1968, S. 207 ff. Vgl. [187].

[346] *P. Michelsen:* Zur Frage der Verfasserschaft des ›Peter Squentz‹. In: Euph. 63 (1969), S. 54 ff.

[347] *F. Schmitt von Mühlenfels:* Pyramus und Thisbe. Rezeptionstypen eines Ovidischen Stoffes in Lit., Kunst und Musik. (Stud. z. Fortwirken der Antike Bd. 6) 1972.

[348] *R. Elsner:* Zeichen und lit. Praxis. Theorie der Lit. u. Praxis des A. G. im ›Peter Squentz‹. 1977.

[349] *M. Schmeling:* G.s Peter Squentz. In: *M. Sch.:* Das Spiel im Spiel. (Dt. u. vergleich. Lit. wiss. Bd 3) 1977, S. 73 ff.

[350] *R. Schade:* Absurda Comica. Zum astrologischen Moment in ›Herr Peter Squentz‹. In: Text + Kritik H 7/8 (1980), S. 80 ff.

[351] *Ders.:* Approaches to ›Herr Peter Squentz‹. Persona, Play, and Parable. In: Coll. Germ. 13 (1980), S. 299 ff.

[352] *R. C. Maurer:* Das Theater im Theater als Form der Darstellung poetologischer und existentieller Widersprüche auf der Bühne. A. G.: »Absurda comica«; L. Tieck: »Der gestiefelte Kater«; L. Pirandello: »Sei personaggi in cerca d'autore«. Diss. Bern 1981.

[353] *E. Mannack:* Politisch-gesellschaftliche Strategie der Peter-Squentz-Komödie. In: Theatrum Europaeum (Festschr. E. M. Szarota) 1982, S. 311 ff.

[354] *T. W. Best:* G. and the Squentz-Stoff. In: Monatshefte 76 (1984), 2, S. 182 ff.

[355] *J. P. Aikin:* The audience within the play: Clues to intended audience reaction in German baroque tragedies and comedies. In: Daphnis 13 (1984), S. 187 ff.

Vgl. ferner *A. Schlienger* [385].

b) »Horribilicribrifax. Teutsch«

G.s zweite Komödie, deren Veröffentlichung der Vorredner des Squentz-Spiels als unmittelbar bevorstehend ankündigt, erschien erst 1663 als Anhang zu der vom Dichter selbst durchgesehenen Gesamtausgabe. Ein zweiter Druck kam 1665 heraus. Aus einer Reihe von Bemerkungen in dem das »Scherzspiel« einleitenden Brief des Daradiridatumtarides an seinen Kumpan Horribilicribrifax sowie historischer Anspielungen und Verweise dürfen wir schließen, daß das Lustspiel zwischen November 1647 und Mai 1650 entstand. Auf ein bestimmtes Jahr innerhalb dieses schaffensreichen Lebensabschnittes weisen die Datierung des Einleitungsbriefes und ein erfundenes Datum im angehängten ›Heyraths-Contract‹ hin: Daradiris Schreiben ist ›Gegeben dieses Jahr, an dem Schalttage‹, Sempronius' und Cyrilles Eheschließung vor dem Notar erfolgt »den 30. Februarii dieses tausend sechshundert acht und vierzigsten Jahres«. Danach ist es sehr wohl möglich, daß G. den langersehnten Friedensschluß, der zu Anfang des Spiels selbst erwähnt wird, mit seinem Werk zu würdigen beabsichtigte. Für diese Deutung spricht u. a. auch die Wahl des Sujets, die Darstellung der aus dem Kriege heimgekehrten Soldaten, die mit ihren Rodomontaden die Achtung der Mitbürger zu gewinnen hoffen.

Daß G. auch bei seiner zweiten Komödie fremde Vorbilder zu nutzen wußte, steht außer Frage. Am nachhaltigsten wirkte neben dem Plautinischen ›miles gloriosus‹ die Commedia dell' arte auf das G.sche Lustspiel ein. Daß *F. Andreinis* ›Le bravure del Capitano Spavento‹ direkt als Vorlage diente, hat *A. Schlienger* anhand zahlreicher wörtlicher Übernahmen nachgewiesen. Aus dem italienischen Stegreifspiel wurden bestimmte Redensarten der Bramarbasierenden, ferner die Verwendung mehrerer Fremdsprachen, die subtilere Form der Ironie im Verhalten des Dieners gegenüber seinem prahlerischen Herrn, die Verdoppelung des Capitano und die »dramaturgisch-technische Funktionalisierung der Liebe« entlehnt. Die Annahme, daß *Vondels* Landspiel »De Leeuwendalers« von Einfluß gewesen sei, gilt als widerlegt.

Die deutsche Dramendichtung hatte schon vor G. sich diese typische Gestalt zu eigen gemacht. So ist der Vincentius Ladislaus in der gleichnamigen Komödie Herzog *Heinrich Julius'* von *Braunschweig* mit allen Eigenschaften des Bramarbas' ausgestattet. *Johann Rist,* der mit seinem Versepos »Capitan Spavento« eine französische Quelle ins Deutsche übertrug, verlieh sogar der Titelgestalt seiner Tragödie »Perseus« die Züge eines Maulhelden; als solcher erscheint später auch Monsieur Sausewind in seinem 1647 veröffentlichten »Friedewünschenden Teutschland«.

Dem in der G.-Literatur des öfteren erhobenen Vorwurf, wonach es dem »Horribilicribrifax« an künstlerischer Einheit mangele, ist in jüngeren Untersuchungen entschieden widersprochen worden. Danach bildet die Gattenwahl, worauf G. selbst im Untertitel aufmerksam macht, das alles organisierende Prinzip. Nahezu alle Personen, deren Bemühungen um Besitznahme des begehrten Partners in den rasch wechselnden Szenen dargestellt werden, sind dieser Thematik untergeordnet. Zahlreiche Parallelen unterstreichen noch die Gemeinsamkeit ihres Tuns, wobei durch das Mittel der Kontrastierung die eigentliche Absicht des Dichters deutlich hervortritt. In einer von Lug und Trug erfüllten Welt darf nur derjenige auf ein wahres Glück hoffen, der allem Schein entsagt und allen Widerwärtigkeiten zum Trotz an seiner reinen Liebe festhält.

Von daher besitzt besonders Sophia Normcharakter, deren religiöses Liebesverständnis – die eheliche Liebe erscheint als Einbruch der Ewigkeit in die Zeitlichkeit – auf entsprechende Personen der Trauerspiele verweist. Daß auch die vielfältigen sprachlichen Mittel zur Thematik wesentlich gehören und nicht etwa als gelehrte Demonstration des Autors angesehen werden dürfen, ist heute unbestritten. So stehen die Rodomontaden der Hauptleute, das gelehrte Kauderwelsch des Sempronius und die unsinnigen Redereien der Kupplerin im deutlichen Gegensatz zu den ›sinnreichen‹ und sorgfältig formulierten Aussagen der positiven Normfiguren.

Politisch-gesellschaftliche Implikationen des Stückes, nicht zuletzt das mit Sophia verbundene Lucretia-Virginia-Motiv oder auch die ausführliche Behandlung der Rolle des Geldes, finden in jüngsten Arbeiten zunehmend Beachtung. Das gilt auch für die Verspottung des Pedantismus in der Gestalt des Sempronius.

Das Gymnasium zu Altenburg gab den »Horribilicribrifax« 1674 als Festvorführung für den moskowitischen Gesandten. Eine weitere Aufführung fand 1686 in Görlitz statt.

Neudrucke:

Horribilicribrifax. Scherzspiel. Abdruck der ersten Ausgabe 1663. Hrsg. v. *W. Braune.* (Neudr. dt. Litwerke d. 16. u. 17. Jhs Nr. 3.) 1876, ²1883.
Horribilicribrifax. In: Deutsche Literatur . . . in Entwicklungsreihen. Reihe: Barockdrama. Bd 4: Die dt. Barockkomödie. Hrsg. v. *W. Flemming.* 1931, S. 109 ff. [In dieser Ausgabe fehlt der ›Heyraths-Contract‹.]; 2., verb. Aufl. 1965.
Gesamtausgabe der deutschsprachigen Werke. Bd VII: Lustspiele I. Hrsg. v. *H. Powell.* 1969, S. 41 ff.
Horribilicribrifax. In: Komödien des Barock. Hrsg. v. *U.-K. Ketelsen.* (Row. Klass Nr. 524/525) 1970, S. 45 ff.
Horribilicribrifax Teutsch. In: A. G. Die Lustspiele. Hrsg. v. *H. L. Arnold.* 1975.
Horribilicribrifax Teutsch. Scherzspiel. Hrsg. v. *G. Dünnhaupt* (Reclams Univ.-Bibl. Nr 688 [2]) 1976, ²1981.

Literatur:

[356] *E. Krispyn:* Vondels »Leeuwendalers« as a source of G.' »Horribilicribrifax« and »Gelibte Dornrose«. In: Neophil. 46 (1962), S. 134 ff.
[357] *W. Hinck:* G. u. die italienische Komödie. In: GRM NF 13 (1963), S. 120 ff.
  Ders.: Das dt. Lustspiel des 17. u. 18. Jhs u. die italienische Komödie. Commedia dell'arte u. Théâtre italien. (Germanist. Abhandlgen. 8.) 1965, S. 105 ff. Vgl. [374].
[358] *J. H. Tisch:* Braggerts, Wooers Foreign Tongues, and Vanitas. Theme and Structure of A. G.' ›Horribilicribrifax‹. In: *Aumla* 21 (1964), S. 65 ff.

[359] *G. Kaiser:* »Horribilicribrifax. Teutsch.« In: Die Dramen des A. G. 1968, S. 226 ff. Vgl. [187].

[360] *H. Kiesel:* Höfische Gewalt im Lustspiel des A. G. Bemerkungen zum ›Horribilicribrifax‹ im Vergleich zu deutschen Lucretia- und Virginia-Dramen. In: Text + Kritik H 7/8 (1980), S. 68 ff.

[361] *I. Schiewek:* Ein altes Scherzspiel im Kontext des 17. Jhs. Überlegungen zum ›Horribilicribrifax‹ des A. G. In: Weim. Beitr. 26 (1980), H. 5, S. 77 ff.

[362] *W. Kühlmann:* Gelehrtenrepublik und Fürstenstaat. Entwicklung und Kritik des dt. Späthumanismus in der Lit. des Barockzeitalters. (Stud. u. Texte z. Soz.gesch. der Lit. Bd. 3) 1982, S. 400 ff.

Vgl. ferner *A. Schlienger* [385].

c) »Majuma, Freuden-Spiel«

Das dem Genre des Singspiels zuzuordnende Stück ist eine Gelegenheitsdichtung und erschien zum erstenmal in der Ausgabe von G.s gesammelten Werken im Jahre 1657. Es trägt auf dem Titelblatt den Vermerk »Auff dem Schauplatz Gesangsweise vorgestellet. Jn dem Mäymond deß 1653. Jahrs«. Mit diesem dreiaktigen Spiel huldigte G. dem mutmaßlichen Thronfolger Ferdinand IV., der am 31. Mai 1653 zum römischen König gewählt und im Juni desselben Jahres feierlich gekrönt wurde. Aller Wahrscheinlichkeit nach wurde das kleine Festspiel am 24. Juni 1653 auf dem großen Tanzhaus in Glogau aufgeführt.

Stofflich geht »Majuma« auf eine Textstelle in Ovids »Fasti« zurück, doch kann nicht übersehen werden, daß das zeitgenössischen Fest- bzw. Singspiel – gerade zur Feier des Kriegsendes – vielfach von Themen und Motiven dieser Art Gebrauch machte. Dazu gehören das mythologische Personal ebenso wie die allegorische Darstellung der Überwindung des Kriegsgottes Mars; beides findet sich z. B. bereits in den Friedensspielen Rists und der Nürnberger. Wenn G. die Huldigung sodann mit der Hoffnung auf die Wiederherstellung des Römischen Reiches verknüpft, so nimmt er offensichtlich den Gedanken der ›translatio imperii‹ auf, der den Zeitgenossen gleichfalls vertraut ist. Das gilt auch für das Jahreszeiten- bzw. Blumenmotiv, bei denen G. auf die zeitgenössische Emblematik zurückgriff. *D. W. Jöns* hat die direkten Vorlagen ermittelt und zugleich auf das Vergänglichkeitsmotiv hingewiesen, das auch hier nicht fehlt. Charakteristisch ist schließlich das Thema der alles überwindenden Liebe – ihr erliegt sogar der Kriegsgott Mars selbst.

Über die musikalische Gestaltung der »Majuma« ist nichts bekannt. G. hat im Unterschied zu anderen Schriftstellern seiner Zeit auf einen Abdruck der Noten verzichtet.

Neudruck:

Majuma. In: Deutsche Literatur . . . in Entwicklungsreihen. Reihe: Barockdrama. Bd 5: Die Oper. Hrsg. v. *W. Flemming.* 1933, S. 107 ff. [In diesem Neudruck sind die vom Dichter selbst verzeichneten Korrekturen zu acht Textstellen nicht berücksichtigt.]; 2., verb. Aufl. 1965.
Gesamtausgabe der deutschsprachigen Werke. Bd VIII: Lustspiele II. Hrsg. v. *H. Powell.* 1972, S. 1 ff.

Literatur:

[363] *D. W. Jöns:* Majuma, Piastus. In: Die Dramen des A. G. 1968, S. 285 ff. Vgl. [187].

d) »Piastus«

Das ›Lust- und Gesangspiel‹ »Piastus« wurde erst 1698 in der vom Sohn des Dichters besorgten Ausgabe veröffentlicht. Es entstand wahrscheinlich im Frühjahr des Jahres 1660 und war als Huldigung für die piastischen Herzöge von Brieg, Liegnitz und Wohlau gedacht. Diese Herzogtümer liefen Gefahr, dem böhmischen Könige zuzufallen, wenn der Stamm erlosch. Auf diesen Umstand spielt der Dichter an mehreren Stellen seines Spieles an.

»Piastus« besitzt mehr opernhafte Züge als das Freudenspiel »Majuma«; am Ende des Stückes ist ein Ballett vorgesehen, in dem die Geister der ermordeten Väter Popiels auftreten und dem König Piast von zwölf Fürsten die Krone angetragen wird. Außerdem leitet ein Tanz den letzten Akt ein, und ein weiterer Tanz sowie ein Feuerwerk gehen dem Schlußballett unmittelbar voraus.

Den Stoff des Spieles bildet die Sage vom Ursprung des alten polnischen Fürstenhauses der Piasten, die G. in J. Schickfuß' »Schlesischer Chronik vom Jahre 1625« fand. Die Bearbeitung dieses Stoffes mag ihm um so leichter gefallen sein, als er reichlich Gelegenheit bot, die vielfach erprobten Kontrasteffekte voll zu entfalten: Neben den Tyrannen Popiel, dessen Palast den als Bettler verkleideten Engeln verschlossen bleibt, tritt der arme Landmann Piastus, der als Lohn für seine Barmherzigkeit und

Demut die Krone des gestürzten Willkürherrschers empfängt. Das Problem des heidnischen Herrschers wird dabei im Sinne der natürlichen Theologie gelöst. Mit dieser Darstellung des ersten, in seinem tugendhaften Wandel musterhaften Piastenfürsten wird seinen Nachfahren die größte Huldigung zuteil. Auch zum Piast sind keine Noten überliefert.

Neudruck:

Gesamtausgabe der deutschsprachigen Werke. Bd VIII: Lustspiel II. Hrsg. v. *H. Powell.* 1972, S. 23 ff.

Literatur:

[364] *T. Paur:* Über den Piastus des A. G. In: Zschr. d. Vereins f. Gesch. u. Alt. Schlesien. Bd 2. 1859, S. 167 ff.
[365] *Z. Żygulsky:* Piastus A. G. In: Kwartalnik Neofilologiczny 2 (1955).
[366] *G. U. Gabel:* A. G. Piastus, Majuma. Ein Wortindex. 1972.

e) »Verlibtes Gespenste / Gesang-Spil.
   Die gelibte Dornrose / Schertz-Spil«

Das aktweise wechselnde Mischspiel war eine Auftragsdichtung und entstand im Sommer und Herbst des Jahres 1660. Wie die Widmung verrät, wurde das Werk zu Ehren der Pfalzgräfin Elisabeth Maria Charlotte und des Piastenherzogs Georg am 10. Oktober 1660 in Glogau aufgeführt. Der seit 1659 verwitwete Herzog Georg III. zu Liegnitz und Brieg verband sich 1660 in zweiter Ehe mit der Pfalzgräfin. Mit der Einholung der Braut im Herbst dieses Jahres begannen die Vermählungsfeierlichkeiten; der Stiefbruder des Piastenherzogs führte die Braut von Crossen, ihrem damaligen Aufenthaltsort, über Glogau nach Liegnitz. Die Aufführung des Mischspiels gehörte zu den Festlichkeiten, mit denen die Stadt Glogau Georgs III. Braut empfing.

Der erste uns bekannte Druck stammt sicherlich aus dem Jahre 1660 und enthält nur das Gesangspiel »Verlibtes Gespenste«. Eine szenische Bemerkung darin läßt nur den Schluß zu, daß bei diesem Druck das Gesangspiel aus dem Mischspiel herausgelöst wurde. Dem Einzeldruck muß dann der verlorengegangene Erstdruck des gesamten Mischspiels als Vorlage gedient haben. Die Ausgabe von 1661, die beide Stücke vereinigt, trägt den Vermerk »Beyde auffs neue übersehen und zum andern mahl gedruckt«.

Das Verliebte Gespenst galt lange Zeit als Nachahmung oder sogar Übersetzung des 1658 erschienenen »Le Fantôme amoureux« von *Philippe Quinault*. Bereits ein oberflächlicher Textvergleich lehrt indessen, daß von einer getreuen oder auch nur freien Übersetzung der französischen Komödie nicht die Rede sein kann. Eine Beeinflussung des Schlesiers durch Quinaults Stück ist dagegen aufgrund einer Reihe von Parallelen nicht auszuschließen, doch bestehen im Handlungsverlauf wie in der Thematik erhebliche Unterschiede.

Eindeutige Belege für die Abhängigkeit des Dichters besitzen wir hingegen beim untermischten Scherzspiel, der »Gelibten Dornrose«. Als Quelle wies Kollewijn das von *Vondel* 1647 verfaßte Landspiel »De Leeuwendalers« nach, dem G. das Motiv der aus verfeindeten Häusern stammenden Liebenden, die Rettung des Mädchens aus den Händen eines Schänders, den Namen des Mädchens (es heißt bei Vondel ›Hageroos‹) und – nahezu wörtlich – einige Partien der Streitszene des ersten Aufzugs entnahm.

Auch das »Verlibte Gespenst« ist eine Kleinform der Oper; der Dichter bezeichnet es als Gesangspiel. Die Form des Mischspiels geht in ersten Ansätzen auf die geistlichen Spiele des Mittelalters zurück. Bereits im 15. Jh. begegnet ein selbständiges, die Handlung unterbrechendes Interludium, dessen sich später auch das Schuldrama bediente. Aus drei mit den Aufzügen des Hauptstücks wechselnden Szenen setzt es sich im »Dionys« des *Omichius* zusammen. Im ausgehenden 16. Jh. und während des ganzen 17. Jhs gehört es zum festen Bestandteil der Dramenliteratur. Die Beziehung zum Hauptspiel ist zumeist nur recht lose – oft erfüllt das Interludium lediglich den Zweck, das Publikum zu erheitern oder eine für das Hauptspiel notwendige Pause zu überbrücken. Als Personal bevorzugt es niedere Personen; neben dem Spaßmacher Pickelhering erscheinen oft rohe Bauern, gefräßige Bedienstete oder streit- und beutehungrige Soldaten. Noch in *Rists* Friedensspielen und im »Perseus« führt das Zwischenspiel ein Eigendasein; zumeist gewährt es hier Einblick in Leiden und Wirren, die mit dem dreißigjährigen Krieg über die deutschen Lande hereingebrochen sind. Dabei wird des öfteren schon eine Dialekt verwendet.

G.s besondere Leistung besteht darin, daß er beide Teile höchst kunstvoll miteinander verknüpft; das geschieht durch die gemeinsame Liebesthematik und eine Fülle von daraus abgeleiteten Motiven, Konstellationen und Kontrasten. Daß Sulpicius' Übergang von Ohnmacht und einem todesähnlichen Zustand zur Rückkehr ins Leben als Auferstehung durch die Macht der Liebe verstanden werden soll, hat *A. Schlienger* herausgearbeitet. Damit weist er zugleich die von *E. Mannack* und *G. Kaiser* geäußerte Annahme einer Tragödienparodie zurück. Neuere Untersuchungen betonen zwar die Einheit der Konzeption aller G.-Komödien, insbesondere in bezug auf religiöse und politische Deutungsmuster, sprechen aber von einer ›Neuorientierung‹ des Dichters bei diesem Werk. Das gilt nicht zuletzt für die Darstellung der Bauern im Scherzspiel, in dem sich Elemente der Schäferdichtung wiederfinden. Mit dem Mischspiel gelang G. eine heiter-unbeschwerte Komödie, die sich mit den Leistungen eines Lessing durchaus messen kann.

Eine Aufführung des Mischspiels in Görlitz fand 1683 statt. Eine Bühnenmusik zum »Verlibten Gespenst« soll *W. C. Briegel* in Gotha komponiert haben. Die »Gelibte Dornrose« ist ebenso wie der »Peter Squentz« mehrfach überarbeitet und häufig von Laienspielgruppen aufgeführt worden.

Neudrucke:

Die geliebte Dornrose. Ein Scherzspiel in vier Akten. Mit Einleitung und Erklärungen, hrsg. v. *R. Stübe*. (Reclams Univ.-Bibl. Nr. 6486) 1924.
Die gelibte Dornrose. Schertz-Spil. In: Deutsche Literatur . . . in Entwicklungsreihen. Reihe: Barockdrama. Bd 4: Die deutsche Barockkomödie. Hrsg. v. *W. Flemming*. 1931, S. 181 ff.; 2., verb. Aufl. 1965.
Verlibtes Gespenst. Gesangspiel. – Die geliebte Dornrose. Scherzspiel. Text und Materialien zur Interpretation besorgt v. *E. Mannack*. (Komedia. 4.) 1963.
Gesamtausgabe der deutschsprachigen Werke. Bd VIII: Lustspiele II. Hrsg. v. *H. Powell*. 1972, S. 173 ff.
Verlibtes Gespenste. Gesang-Spil. – Die gelibte Dornrose. Schertz-Spill. In: A. G. Die Lustspiele. Hrsg. v. *H. L. Arnold*. 1975, S. 153 ff.
Verliebtes Gespenst. Gesangspiel. Die geliebte Dornrose, Scherzspiel. Hrsg. v. *E. Mannack* (Reclams Univ.-Bibl. Nr. 6486 [2]) 1985.

Literatur:

[367] *R. A. Kollewijn:* G. »Dornrose« und Vondels »Leeuwendalers«. In: Archiv f. Litgesch. 9 (1880), S. 56 ff.
[368] *G. Kaiser:* »Verlibtes Gespenste – Die gelibte Dornrose«. In: Die Dramen des A. G. 1968, S. 256 ff. Vgl. [187].
Vgl. ferner *E. Catholy* [375], *A. Schlienger* [385].

f) Übersetzungen

»Seugamme oder Untreues Haußgesinde. Lustspiel« ist eine genau an die Vorlage sich haltende Prosaübersetzung der »La Balia« des Florentinischen Dichters *Girolamo Razzi*. Sie erschien erstmalig im Jahre 1663, doch hatte sie G., wie er selbst angibt, schon in seiner Jugend begonnen. In der lateinischen Vorrede nennt er den Grund, weshalb er die Übersetzung wieder vornahm: Angesichts des durch die Kriegswirren verursachten Sittenverfalls besonders auch unter dem Hausgesinde habe er sich der italienischen Komödie erinnert und ihre Übersetzung vorangetrieben, weil er hoffte, daß das Drama zur Verhinderung von Verfehlungen des Hausgesindes beitragen könne. Die Komödie des Italieners gilt als ziemlich unbedeutend, bildete aber in ihrer Zeit wegen der religiös-moralisierenden Tendenz, die in der Konfrontation von unordentlicher Fortunawelt und ewiger Gottesordnung gipfelt, eine Ausnahme. Dieser typologische Zug war wohl der eigentliche Anstoß für G.s Übersetzung, deren genaue Entstehungszeit nicht ermittelt werden kann (womöglich »schon vor 1644, aber ebenso gut auch später«).

Der *»Schwermende Schäffer. Satyrisches Lust-Spiell«* ist eine Übersetzung in Alexandrinern der Komödie »Le Berger extravagant« des *Thomas Corneille*. Die Erstfassung dieser Übersetzung erschien 1661 (»Der Schwermende Schäfer Lysis«) und lag der Aufführung zugrunde, die anläßlich des ersten Geburtstages des letzten schlesischen Piastenherzogs Georg Wilhelm am 29. September 1661 in der fürstlichen Residenz zu Ohlau stattfand. Das vollständige Drama wurde erstmals 1663 gedruckt. Nach seinen eigenen Worten unternahm G. die Arbeit auf Anraten einer »durchläuchtigsten Person«, obschon er »zu dergleichen Übersetzungen wenig belieben trage«. Die im gesamten Zeitalter beliebte Verspottung des »Phantasten« geht auf Cervantes' »Don Quijote« zurück. Corneille benutzte den Roman von Sorel als Vorlage. Neben den »intrigues à tiroirs« spielen Verspottungen des preziösen/manieristischen Sprechens eine herausragende Rolle. G. hält sich eng an Corneilles Text, siedelt die Handlung jedoch in seiner Heimat an und steigert noch die sprachkritische Tendenz.

Neudrucke:

»Seugamme« in: Gesamtausgabe der deutschsprachigen Werke Bd VII: Lustspiele I. Hrsg. v. *H. Powell*. 1969, S. 121 ff.

»Schwermender Schäffer« in: Gesamtausgabe der deutschsprachigen Werke Bd VIII: Lustspiele II. Hrsg. v. *H. Powell*. 1972, S. 47 ff. (1. Fassung); S. 105 ff. (2. Fassung).

Literatur:

[369] *J. Schulze:* Seugamme, Oder Untreues Haussgesinde. In: Die Dramen des A. G. 1968, S. 339 ff. Vgl. [187].
[370] *J. Löwy:* A. G.' Der schwärmende Schäfer. 1910.
[371] *H. Kehl:* Stilarten des dt. Lustspielalexandriners, untersucht an G.s »Der Schwermende Schäffer«, Gellert »Das Band«, Goethe »Die Laune des Verliebten«, Müllner »Die Vertrauten«. 1975 [erstmals 1931].
[372] *H. Plard:* Der Schwermende Schäffer. In: Die Dramen des A. G. 1968, S. 363 ff. Vgl. [187].

Literatur zum Lustspiel und zu G.s Lustspielen

[373] *K. Holl:* Geschichte des dt. Lustspiels. 1923, S. 96 ff.
[374] *W. Hinck:* Das dt. Lustspiel des 17. und 18. Jhs und die italienische Komödie. Commedia dell'arte und Théâtre Italien. (Germanist. Abhdln. 8) 1965, S. 105 ff.
[375] *E. Catholy:* Das dt. Lustspiel. Vom Mittelalter bis zum Ende der Barockzeit. 1969, S. 143 ff.
[376] *Ders.:* Die dt. Komödie vor Lessing. In: Die dt. Komödie. Vom Mittelalter bis zur Gegenwart, hrsg. v. *W. Hinck.* 1977, S. 32 ff.
      R. J. Alexander: Das dt. Barockdrama. (Sammlg. Metzler 209) 1984, S. 112 ff. Vgl. [256].
[377] *E. Mannack:* Lustspiel. In: Deutsche Literatur. Eine Sozialgeschichte. Hrsg. v. *H. A. Glaser.* Bd. 3. 1985, S. 295 ff.
[378] *H. Hitzigrath:* A. G. als Lustspieldichter. Progr. d. Gymn. zu Wittenberg. Ostern 1885.
[379] *K. Urstadt:* Der Kraftmeier im dt. Drama von G. bis zum Sturm und Drang. 1926.
[380] W. Flemming: Einführung in: Die dt. Barockkomödie... 1931; ²1965.
[381] *H. Hartmann:* Die Entwicklung des dt. Lustspiels von G. bis Weise (1648–1688). Diss. PH Potsdam 1960. [Masch.].
[382] *H. Emmerling:* Untersuchungen zur Handlungsstruktur der dt. Barockkomödie. Diss. Saarbrücken 1961. [Masch.].
[383] *E. Lunding:* Assimilierung und Eigenschöpfung in den Lustspielen des A. G. In: Stoffe Formen Strukturen. (Festschrift H. H. Borcherdt) 1962, S. 80 ff.
[384] *E. Mannack:* A. G.s Lustspiele. Ihre Herkunft, ihre Motive und ihre Entwicklung. In: Euph. 58 (1964), S. 1 ff.

[385] *A. Schlienger:* Das Komische in den Komödien des A. G. Ein Beitrag zu Ernst und Scherz im Barocktheater. (Europ. Hochschulschr. R. 1. Bd. 28), 1970.

[386] *H. v. d. Heyde:* Die frühe dt. Komödie Mitte 17. bis Mitte 18. Jh.
Zu Struktur und gesellschaftlicher Rezeption. Versuch eines
hochschuldidaktischen Curriculums. (Europ. Hochschulschr. R.
1. Bd. 475) 1982, S. 19 ff. u. 178 ff.

[387] *F. Cambi:* Linguaggio e apparenza nei ›Lustspiele‹ di A. G. In:
Realtà sociale e gioco letterario nella letteratura tedesca. 1983,
S. 9 ff.

[388] *R. de Pol:* Il doto e lo ›Specchio Magico‹: Riflessi deterrenti e au-
toconsapevolezza dell'intellectuale nella commedia tedesca del
XVII secolo. In: Realtá sociale e gioco letterario nella letteratura
tedesca. 1983, S. 59 ff.

5. Prosa

a) »Fewrige Freystadt«

In der Nacht vom 8. zum 9. Juli 1637 wurde das in der Nähe des
Gutes Schönborn gelegene Freistadt bis auf wenige Häuser von
einer Feuersbrunst vernichtet. Betroffen waren von diesem Unglück einige Freunde von G. sowie die Familie seines Halbbru-
ders Paul. G. verwertete neben eigenen Beobachtungen vor Gericht abgegebene Zeugenaussagen und andere Bekundungen. In
seiner auf Sachlichkeit bedachten Darstellung, die auch Angaben über den Wert vernichteter Güter enthält, übt er Kritik an
den unzulänglichen Sicherheitsvorkehrungen und der Nachläs-
sigkeit der Wächter. Er geht von einer natürlichen Ursache des
Brandes aus und berichtet zugleich über warnende Vorzeichen,
wie es in der Geschichtsschreibung der Zeit durchaus üblich ist.
Ebenso findet sich die Vorstellung vom göttlichen Strafgericht.
Die Vanitas-Idee erscheint auch in diesem Werk als Leitgedanke
seiner Betrachtungen.

G. sah, wie er in seiner vom 22. Oktober 1637 datierten Vorrede erkennen läßt, Anfeindungen gegen das Büchlein voraus.
Sie wurden wahrscheinlich noch dadurch genährt, daß sein Mäzen Schönborn, der seiner konfessionellen Haltung wegen Angriffen ausgesetzt war, als der Initiator der Schrift angesehen
wurde.

Die »Fewrige Freystadt« entstand unmittelbar nach der Kata-
strophe und erschien noch im gleichen Jahr bei dem Lissaer Verleger, der auch sein erstes Sonettbuch herausbrachte. Von dem
Büchlein existieren nur noch zwei Exemplare (in den UBen

Breslau und Heidelberg) sowie eine Abschrift mit Protokollen
von Augenzeugen als Anhang.

Literatur:

[389] *M. Szyrocki:* A. G.s »Fewrige Freystadt«. In: Orbis litt. 25
(1970), S. 102 ff.

b) Leichabdanckungen

1666, nach dem Tode des Dichters, wurden seine »Dissertationes Funebres. Oder Leich-Abdanckungen« gesammelt herausgegeben. Weitere Ausgaben erschienen 1667, 1683 und 1698.
Der größte Teil war schon vorher in Einzeldrucken erschienen.
Nach Stieff hat G. noch weit mehr Leichenreden gehalten, die
»nur in kurtzen Concepten und nur in der ersten Disposition
geblieben«. G. *Hay* veröffentlichte 1971 bzw. 1972 eine Leichabdankung, deren Handschrift im Literatur-Archiv des Schil-
ler-Nationalmuseums aufbewahrt wird. Die gedruckte Sammlung umfaßt vierzehn Stücke:

1) Brunnen-Discurs. Leichenrede auf seinen Mäzen Georg von
   Schönborn. Dezember 1637.
2) Schlesiens Stern in der Nacht. Leichenrede auf den schwedi-
   schen Ober-Kriegskommisar des Herzogtums Schlesien. Oktober
   1649.
3) Magnetische Verbindung des Herrn Jesu . . . Leichenrede auf
   Mariane von Popschitz. Mai, November 1660.
4) Abschiedsworte der . . . Jungfrauen Mariane von Popschitz. Ale-
   xandriner-Gedicht. November 1660.
5) Winter-Tag Menschlichen Lebens . . . Leichenrede auf Eva von
   Schönborn geb. Petzelt. Februar 1653.
6) Vberdruß Menschlicher Dinge . . . Leichenrede auf Adam Haenning. Mai 1655.
7) Hingang durch die Welt . . . Leichenrede auf Ursula Haenning geb.
   Weber. April 1652.
8) Folter Menschliches Lebens . . . Leichenrede auf Barbara Aebelius
   geb. Gerlach. Juli 1648.
9) Der Tod als Arzt der Sterblichen . . . Leichenrede auf Heinrich Fir-
   ling. November 1657.
10) Abend Menschlichen Lebens . . . Leichenrede auf Anna Knorr geb.
    Gärtich. März 1663.
11) Ausländische in dem Vaterland . . . Leichenrede auf Barbara Hoff-
    mann geb. John. Mai 1657.
12) Seelige Unfruchtbarkeit. Leichenrede auf Dorothea Elisabeth Tex-
    tor geb. Roth. November 1653.

13) Flucht Menschlicher Tage. Leichenrede auf Hans Georg von Stosch. August 1652.
14) Mutua Amantium Fuga. Leichenrede auf Helene von Bebran geb. von Stosch. Oktober 1654.
Vgl. ferner *G. Dünnhaupt* [79].

Die Bedeutung der Leichabdankungen für G.s Schaffen ist erst von der jüngeren Forschung voll erkannt und gewürdigt worden, nachdem bereits *Fricke* und *Schieck* diese Gattung in ihre Untersuchungen einbezogen hatten. G. folgt der in jener Zeit geübten Verfahrensweise, wenn er seinen Leichenreden ein allegorisches Thema zugrundelegt, das mit dem Namen, Wappen, Beruf, Lebensalter oder dem persönlichen Schicksal des Verstorbenen in Beziehung gebracht wird. Ausgehend von Gedanken und Vorstellungen der Heiligen Schrift entfaltet und erweitert der Dichter das Thema in einer Reihe von Bildern, die zumeist in den Emblembüchern enthalten sind und deren allegorischer Sinn insbesondere durch die patristische Tradition vorgegeben ist. Da die meisten dieser Bilder in seine Dichtungen Eingang fanden, erweist sich die an den Leichabdankungen deutlich ablesbare allegorische Methode als Schlüssel für das Verständnis zahlreicher, das Bild oder den Vorgang nur in verkürzter Form darbietender Textstellen seiner poetischen Schöpfungen. *A. Schöne, D. W. Jöns* und *H.-J. Schings* haben in den 60er Jahren diesen Sachverhalt dargelegt und für die Interpretation der Lyrik wie auch der Dramen von G. genutzt. Über Form und Funktion der Totenrede im Wandel der Geschichte und bei G. handelt die Arbeit von *S. Rusterholz* von 1974.

Die Leichabdankungen wurden seit 1698 nicht wieder gedruckt; ihre Edition ist innerhalb der Gesamtausgabe seiner deutschsprachigen Werke vorgesehen.

Neudrucke

Das Zeitalter des Barock. Texte u. Zeugnisse. Hrsg. v. A. Schöne. 1963, S. 852 ff., [2]1968, S. 932 ff. ohne Kürzungen.
A. G. »Menschlichen Lebenß Traum« – Leichabdankung auf Marianne Richter [richtig muß es heißen Gryphius]. Tochter des Paul Gryphius. Hrsg. v. *G. Hay*. In: Jb. Schiller.ges. 15 (1971), S. 1 ff.
A. G.: Menschlichen Lebenß Traum. Faks.-Druck nach der Handschrift. Hrsg. v. *G. Hay*. 1972.
M. Fürstenwald [Hrsg.]: Trauerreden des Barock. 1973, S. 131 ff. u. 480 ff.
Letztes Ehren-Gedächtnüß der . . . Jungf. Marianen von Popschitz. (Faks. der bei dieser Feier verwendeten Embleme und deren Erklärungen) In: *F.-W. Wentzlaff-Eggebert* [64] Tafel 22 ff.

Literatur:

[390] *U. Stötzer:* Die Trauerreden des A. G. In: Wiss. Zeitschr. d. Universität Halle-Wittenberg 11 (1962), S. 1731 ff.

[391] *M. Fürstenwald:* A. G. Dissertationes Funebres. Studien zur Didaktik der Predigten. (Abhandlgn. z. Kunst-, Musik- u. Litwiss. Bd 46.) 1967.

[392] *O. Kutsuwada:* Versuch über Dissertationes Funebres von A. G. In: ZfdPh. 88 (1969), S. 481 ff.

[393] *S. Rusterholz:* Rostra, Sarg und Predigtstuhl. Studien zu Form und Funktion der Totenrede bei A. G. (Stud. z. Germanistik, Anglistik u. Komparat. Bd 16.) 1974.

[394] *G. Hillen:* Das Ehrengedächtnis für Mariane von Popschitz. Zur Struktur seiner Bildlichkeit. In: Gelegenheitsdichtung . . . hrsg. v. *D. Frost* und *G. Knoll.* 1977. S. 113 ff.

[395] *K.-H. Habersetzer:* Mors vitae testimonium: Zu Form und Absicht in A. G.s Leichabdankung ›Brunnen-Diskurs‹. In: Leichenpredigten als Quelle histor. Wissenschaften, hrsg. v. *R. Lenz,* Bd. II 1979, S. 253 ff.

Vgl. ferner:

[396] *R. Lenz* [Hrsg.]: Studien zur deutschsprachigen Leichenpredigt der frühen Neuzeit. (Marburger Personalschriften – Forschung Bd 4.) 1981.

c) »Mumiae Wratislavienses«

Der Breslauer Apotheker J. Krause war im Besitz zweier erhaltener und einer zerstückelten ägyptischen Mumie. Durch Vermittlung von Hoffmannswaldau und B. von Löwenburg erhielt G. die Erlaubnis, an der am 7. Dezember 1658 erfolgten Mumiensektion teilzunehmen. Nach Stieff leitete G. dabei nicht nur ein während seines Hollandaufenthalts gewecktes medizinisches Interesse, sondern auch das Bedürfnis, über die von den Ägyptern geübten, in der Fachliteratur umstrittenen Praktiken Aufschluß zu erhalten. In seiner 1662 verfaßten und gedruckten Schrift gibt G. eine genaue Beschreibung der Sektion einer weiblichen Mumie, wobei er sich ausführlich mit den Angaben der antiken Schriftsteller über ägyptische Mumien sowie mit dem von *A. Kircher* 1652/54 publizierten zweibändigen Werk »Œdipus Aegyptiacus« auseinandersetzt.

Literatur:

Stieffs ausführlicher Bericht in: Schlesisches Historisches Labyrinth. . ., 1737, S. 606 ff. (Vgl. dazu die Biographie S. 1)

[397] *J. B. Neveux:* A. G. et les momies. In: Et. Germ. 19 (1964), S. 451 ff.

d) Übersetzungen

1663 erschienen »*Richard Bakers . . . Frag-Stück und Betrachtungen über Das Gebett des HERREN. Verdolmetschet durch Andream Gryphium*«. Vieles spricht dafür, daß G. nicht das englische Original ›Meditations and Disquisitions. . .‹, sondern die holländische Übersetzung ›Vragen en Bedenkingen‹ als Vorlage zugrundegelegt hat. Ein Nachdruck kam 1680 heraus. Postum erschienen »*Richard Bakers . . . Betrachtungen der 1. Sieben Buß-Psalm . . . . 5. Auff iedweden Tag der Wochen übersetzt durch Andream Gryphium . . . 1687*«. Ein Jahr später kam eine Titelauflage heraus und zwei Jahre später ein Einzeldruck der »*Betrachtungen auff Jeden Tag der Wochen.*« Auch von diesen Texten existieren holländische Vorlagen. Nur der Einzeldruck von 1689 vermerkt ausdrücklich ›Aus dem Englischen übersetzet‹. Bei diesem postum publizierten Übersetzungen ist freilich G.s alleinige Urheberschaft nicht sicher. Die Ausgabe 1663 ist u. a. der Frau von Hoffmannswaldau gewidmet, der die Vorlage besorgte und die Übersetzung »durch seine Auffmunterung nicht wenig befördert« hat.

Neudruck:

Gesamtausgabe der deutschsprachigen Werke. Ergänzungs-Bd 3/1 u. 3/2. Hrsg. v. *H. Powell.* 1983.

Literatur:

[398] *U. Sträter:* Sir Richard Baker und A. G., oder: Zweimal London-Breslau via Amsterdam. In: WBN 11 (1984), S. 87 ff.

e) Von G. herausgegebene Dokumentensammlung

Drei Jahre nach Antritt seines Amtes (1653) gab G. »*Glogauisches Fürstenthumbs Landes Privilegia aus den Originalen an tag*«. Diese von G. besorgte Sammlung umfaßt Privilegien, Statuten, kaiserliche, königliche und fürstliche Indulten und Bekräftigungen aus der Zeit von 1490 bis 1638 in lateinischer, deutscher und tschechischer Sprache. Die Ständeversammlung beschloß im Dezember 1652 die Drucklegung der Sammlung;

das eigentliche Vorwort von G. trägt das Datum: 19. Dezember 1653. Für G. als Interessenvertreter der Landstände besaß die Sammlung hohen politischen Wert.

G. gehört zu den wenigen Dichtern des deutschen Barock, denen über die Jahrhunderte hinweg ein hohes Maß an Anerkennung zuteil geworden ist. Uneingeschränktes Lob spendeten nicht nur die Zeitgenossen; noch sieben Dezennien nach dem Tode von G. galt es geradezu als Sakrileg, die Leistungen dieses Mannes anzutasten. Mit unüberhörbarem Zorn erwähnt *Stieff* in seinem 1737 erschienenen Bericht über die Sektion von Mumien ein Buch, in dem G. »Zur höchsten Ungebühr vor einen Jgnoranten in deutschen Trauerspielen ausgeschrien wird«, und er qualifiziert dessen Autor als einen »unreifen neuen Satyricus«. Damit glaubt Stieff genug getan zu haben, unterläßt er es doch, auf die Vorwürfe gegen G., den er an dieser Stelle als einen Polyhistor rühmt, auch mit wenigen Worten einzugehen.

Der Ton des Stieffschen Berichts erinnert noch vielfach an die Epicedien, in denen die Zeitgenossen der einzigartigen Talente und unglaublichen Leistungen des großen schlesischen Dichters und Gelehrten gedenken – unter den Lobrednern finden wir neben den Freunden wie *Alexander von Stosch* oder *Johann Christoph von Schönborn* und so verdienstvollen Männern wie *Abraham Lindner, Caspar Knorr von Rosenroth* (ein Bruder des Dichters gleichen Namens) und *Sigmund Pirscher* auch *Heinrich Mühlpfort* und *Daniel Casper von Lohenstein*. Der Letztere ist von besonderem Interesse, wird er doch zum bedeutendsten Nachfolger des Glogauer Dramatikers. Sein Nekrolog trägt den Titel »Die Höhe des Menschlichen Geistes« und knüpft deutlich an eine Stelle aus G.s Leich-Abdankung »Flucht menschlicher Tage« an. In einzelnen Passagen liegen ganz offensichtlich wörtliche Anklänge vor, so, wenn Lohenstein Leistungen aufzählt, zu denen der menschliche Geist befähigt ist.

Für *Lohenstein* ist G. das Beispiel dafür, zu welcher Höhe und Universalität der Erkenntnis der Mensch, das Ebenbild Gottes, gelangen kann. Der Katalog von G.s Qualitäten und Arbeiten, der dem allgemeinen Proömion folgt, soll den Leser davon überzeugen: Da ist die Rede von seiner unglaublichen Gelehrsamkeit wie auch seiner Lehrfähigkeit, von seinem rhetorischen Talent und seiner umfassenden Kenntnis fremder Sprachen, und nicht ohne Seitenhieb gegen die anmaßenden Ausländer heißt es, daß G. der Franzosen und Italiener wird »sollen ihr Lands-Mann seyn gewesen«, sobald sie seine Schriften gelesen. Auch ein Hinweis auf die große Frömmigkeit des gepriesenen Mannes fehlt nicht; er steht am Ende des Gedichts und nimmt auf das Epos »Olivetum« und die Kirchhofsgedanken Bezug (Lohenstein »Blumen«, Breslau 1680). Am Nekrolog läßt sich zugleich das Verhältnis Lohensteins zu seinem großen Vorgänger ablesen, dessen Werk er nachzuahmen trachtet und das er doch sogleich in seinem Sinne umformt. Diese Beobachtung gilt schon für seinen dramatischen Erstling »Jbrahim Bassa«, den er als Fünfzehnjähriger verfaßte und von dem er in der Vorrede bekennt:

»Was in Deutscher Sprache dise Ahrt zu schreiben belanget / wird der gelehrte Läser leicht abnähmen / daß Ich Mir in einem und dem andern einen fürtrefflichen Lands-Mann zu einem Weg-Weiser zu haben Mich nicht geschämet / der hierinnen die Bahn gebrochen / und dässen unterschidene Trauer-Spile Mir nicht alleine unter die Hände sondern auch auf den Schau-Platz kommen. Welchen Ich hiermit samt noch vielen geitzigen Libhabern unserer Mutter-Sprache aufzumuntern gedänke / daß Er die / wie man weis / theils schon verfärtigte / theils noch unter händen wachsende Schrifften der begirigen Welt nicht länger wolle Mißgönnen« (Lohenstein: Türkische Trauerspiele, 1953, S. 13).

Die Ähnlichkeit mit G.s Trauerspielen, insbesondere mit der »Catharina von Georgien«, ist in der Tat bei diesem ersten Drama nicht zu übersehen, doch klingen hier schon jene Töne an, die für Lohenstein charakteristisch sind und durch die er sich in der Folgezeit ganz entschieden von seinem Vorbild entfernt.

Wenn wir F. Lucae glauben dürfen, wurden die Stücke der beiden Dramatiker – als dritten nennt er übrigens Hoffmannswaldau – zu Lebzeiten der drei Schlesier einmal des Jahres von der studierenden Jugend in Breslau präsentiert (»Schlesiens curiose Denckwürdigkeiten. . .« 1689, S. 578). Arletius, der Lohensteins »Nachfolge Gryphii« in bezug auf den »Jbrahim Bassa« ausdrücklich erwähnt, spricht noch 1762 davon, daß G., Lohenstein und Hallmann die deutsche Schaubühne, und besonders in Breslau, emporgebracht haben (»Historischer Entwurf«). Die uns bekannten Aufführungen lassen erkennen, daß Breslau und die nähere Umgebung in der Tat dem Dramenwerk von G. das größte Interesse entgegenbrachten, wenngleich Übersetzungen und einzelne Inszenierungen zeigen, daß G.s Wirkung einige Zeit auch über das Reichsgebiet hinausging.

Gab G.s Werk den Anstoß zu Lohensteins eigenständiger Dramenproduktion, so war es für die Epigonen Hallmann und Haugwitz nur noch ein Reservoir, dem man nach Gutdünken die verschiedenen Elemente entnahm und mit anderen, den Lohensteinschen Dramen entliehenen, kombinierte. Diese Technik und die Aufnahme opernhafter Bestandteile verhinderten jene Geschlossenheit, die G.s Dramen eignet.

Erste Bedenken gegen G.s Dramen – und zugleich gegen Lohensteins – meldet freilich schon sehr früh *A. C. Rotth* an, der als sorgfältiger Interpret der aristotelischen Poetik Verstöße gegen die Einheit der Handlung registriert (Vollständige Deutsche Poesie 1688). *Gottsched,* durch Rotth auf Aristoteles aufmerksam geworden, stellt vierzig Jahre später sodann fest, daß seit etwa 1700 versifizierte Tragödien in Deutschland »ganz ins Vergessen geraten« seien und er auch keine Gelegenheit habe, auf deutschen Bühnen deren Aufführung zu erleben. Als er, so fährt er fort, 1724 in Leipzig mit den »dreßdenischen Hofcomödianten« bekannt wurde, die zu seinem Ärger nur »schwülstige und pöbelhafte« Haupt- und Staatsaktionen darboten, habe er deren Prinzipal gefragt:

»warum man nicht Andr. Gryphii Trauerspiele, imgleichen seinen Horribilicribrifax etc aufführete. Die Antwort fiel, daß er die ersteren auch sonst vorgestellet hätte; allein itzo ließe sichs nicht mehr tun. Man würde solche Stücke in Versen nicht mehr sehen wollen, zumal sie gar zu ernsthaft wären, und keine lustige Person in sich hätten« (Vorrede zum »Sterbenden Cato« 1732).

Diese Antwort wird insofern bestätigt, als zwar sogar vor dem Dresdner Hof (in Torgau) G.s »Papinian« zu jener Zeit aufgeführt wurde, doch handelte es sich um die Prosaversion der Wanderbühne, in der zudem lustige Personen für Kurzweil sorgten. Nach alledem ist die Feststellung erlaubt, daß der hochgelobte Barockdramatiker schon wenige Jahrzehnte nach seinem Tode vom Theater verschwand, wozu Gottsched sicher beigetragen hat. Der Verfasser der »Hamburgischen Dramaturgie« nennt zwar nicht den Namen von G., spricht aber in seiner Rezension von Cronegks »Olint und Sophronia« unzweideutig aus, was man von christlichen Trauerspielen überhaupt zu halten habe:

»Die Helden desselben sind mehrenteils Märtyrer. Nun leben wir zu einer Zeit, in welcher die Stimme der gesunden Vernunft zu laut erschallet, als daß jeder Rasender [. . .] den Titel eines Märtyrers sich anmaßen dürfte [. . .] höchstens können sie uns eine melancholische Träne über die Blindheit und den Unsinn auspressen, deren wir die Menschheit überhaupt in ihnen fähig erblicken.« Damit war das Schicksal dieser Gattung endgültig besiegelt.

Auf dem Gebiet der Komödie hat G. keinen kongenialen Schüler gefunden. *Christian Reuter,* der innerhalb weniger Jahre eine Reihe derber Komödien schrieb, fühlte sich den Franzosen verpflichtet, deren Werke in der zweiten Hälfte des Jahrhunderts in Deutschland mehr und mehr bekannt wurden. Auch *Christian Weise* hat daraus großen Nutzen gezogen, doch bekennt er ausdrücklich, daß er G.s Werk eifrig studiert habe. Seine Komödie von »Tobias und der Schwalbe« nennt er auf dem Titelblatt ein »Lustiges Nachspiel wie etwan vor diesem von Peter Squentz aufgeführet worden«. Dieses Hinweises hätte es kaum bedurft, da der in Massen produzierende Zittauer Schulrektor seiner Vorlage in jeder Hinsicht folgt. Daß er die Personenzahl erheblich vergrößerte, hängt lediglich mit der Aufgabe zusammen, zu der er als Schulmann sich verpflichtet fühlte. Was bei G. indessen als Beispiel für eine im Menschen angelegte Verfehlung erscheint, die im Spiel innerhalb des Spiels seine komische Ausformung erfährt, wird bei Weise zur Demonstration einer nützlichen Lehre. »Das ganze Spiel«, so doziert am Schluß ein gräflicher Hofrat, »gehet auf solche Leute, die etwas in der Welt auf sich nehmen, das sie nicht gelernet haben« (Weise »Tobias«. 1882, S. 84).

Weitaus schwieriger ist es, den Nachhall der lyrischen Dichtungen von G. zu orten. Man hat auf einzelne Formulierungen oder bestimmte Sprechweisen aufmerksam gemacht, die zeitgenössische Dichter wie *Friedrich von Logau* und *Angelus Silesius* sowie der 1650 geborene *Joachim Neander* sich angeeignet und eingeformt haben. Auch in bezug auf Hoffmannswaldau ist dies behauptet worden, und es finden sich in der Tat in dessen geistlichen Gedichten einige Bilder, die uns aus G.s Lyrik vertraut sind. Im Ganzen aber zeigen gerade die geistlichen, zumeist schon rational eingefärbten Dichtungen Hoffmannswaldaus nichts von jenem tiefernsten, bis zur Hoffnungslosigkeit sich steigernden Ringen, das der Lyrik von G. eignet. Hoffmannswaldau eigentliches Feld sind vielmehr die Liebesdichtungen, die für eine ganze Generation von Poeten zum non plus ultra werden. Diese ›Galanten‹ teilen mit G. wohl die Vorliebe für bestimmte Vers- und Strophenformen, die epistolarische Einkleidung und die Schlußpointe und übernehmen von G. die krassen Farben bei der Ausmalung des Verfalls weiblicher Schönheit, mit ihren ohne Scheu vorgetragenen Frivolitäten aber, die in üppig wuchernden Bildern und Vergleichen das eine Thema umkreisen, haben die wenigen erotischen Gedichte von G. nichts gemein.

Erstaunlich – gerade im Vergleich mit zahlreichen zeitgenössischen Poeten – ist auch die Verbreitung seiner geistlichen Lieder. Von 1668 an sind es lediglich fünf, die in Gesangbüchern Aufnahme fanden, und noch heute ist er nur mit wenigen Texten darin vertreten. Das steht im deutlichen Gegensatz zu der noch immer zu beobachtenden Verbreitung einzelner seiner Gedichte, von der später noch zu sprechen sein wird.

Daß auch den Komödiendichter die Nachwelt nicht vergessen hat, zeigen zahlreiche Bearbeitungen des Squentz-Spiels wie auch der »Gelibten Dornrose« im 19. und 20. Jh.

Lob und Bewunderung sind G. schon zu Lebzeiten zuteil geworden, doch findet er erst kurz vor seinem Tode Aufnahme in die Poetiken, in denen er fortan erscheint. Besonders gewürdigt wird er von vornherein als Trauerspieldichter, so bei *Daniel von Czepko* und *Sachs von Löwenheim,* der in seiner »Ampelographie« betont, daß G. in der tragischen Dichtungsgattung allen, selbst dem Franzosen Corneille, den Siegespreis streitig mache. Damit ist ein Lobtopos vorgegeben, der vielfach wiederkehrt.

> »Was lobt man viel die Griechen;
> Sie müssen sich verkriechen,
> Wenn sich die teutsche Muse regt.
> Was sonst die Römer gaben,
> Kan man zu Hause haben,
> Nachdem sich Mars bey uns gelegt.
> Horaz in Fleming lebet,
> Im Opitz Naso schwebet,
> Im Greiff Senezens Trauerspiel«.

Diese Verse finden sich in einer Anthologie und stammen von *G. W. Leibniz.* Sie zeigen, daß man angetreten war, den Vorwurf der Ausländer zu widerlegen, wonach das Deutsche für hohe Literatur überhaupt ungeeignet sei. Mit Stolz aber konstatiert man, daß deutsche Poeten sogar mit Griechen und Römern konkurrieren können.

Schon in Lohensteins Nekrolog heißt G. der »Teutsche Sophocles«; dieselbe Bezeichnung verwendet *Quirinus Kuhlmann,* der sich mehrfach auf G. in seinen Editionen beruft, in seinem 1670 vorgetragenen Heldengedicht zu Ehren des Palmenordens. (A. G.: Latein. und deutsche Jugenddichtungen, hrsg. v. *F.-W. Wentzlaff-Eggebert,* 1938/1961, S. 227. Eine weitere Äußerung von Kuhlmann über G. findet sich in einem Schreiben an G. von Schöbel; vgl. ebda., S. 229). Ähnlich äußert sich noch 1718 *G. Stolle,* der G. und Lohenstein Sophocles und Euripides gleichstellt, wobei er den ersteren bevorzugt

(»Kurtze Anleitung . . .« S. 183), während *J. F. Reimmann* eher
auf die zeitgenössische Literatur zielt, wenn er stolz erklärt, daß
beide Tragödiendichter den Ausländern durchaus »Trutz bie-
then«. (»Poesis . . .« 1703). Besonders hervorgehoben werden
die Verdienste des Trauerspielautors ferner von *C. Kormart*
(Vorwort zur Maria Stuart-Übersetzung 1673), *Haugwitz*
(Vorwort zum »Prodromus Poeticus . . .« 1684) und *J. F. Cra-
mer* (»Vindiciae . . .« 1694, S. 24), die gleiches Lob auch Lohenstein spenden. Hoffmannswaldau gedenkt in der Vorrede zu
seinen gesammelten Werken »der zwey berühmten sinnreichen
Männer, Gryphii und des von Lohenstein«, die »zur Genüge erwiesen . . . so wie in allen Sachen / so sie angriffen / also auch in
ihren Trauer Spielen / . . . was ein hurtiger und gelehrter Geist
kan . . .« (Hoffmannswaldau »Dtsche Übersetzungen u. Gedichte«, Breßlau 1679). Wie es schon *J. C. Chenius* in seiner
»Poëseos Germanicae Historia . . .« 1681 tat, stellt auch *Neukirch* beiden Dichtern noch den bewunderten Hoffmannswaldau an die Seite. Dann bringt er Beispiele aus dem »Leo Armenius« und »Carolus Stuardus«, um einen Eindruck von seiner »vorstellung der affecten« sowie seinen »scharffsinnigen gedancken« zu vermitteln; er endet mit der Feststellung: »was
man aber am meisten an diesem manne bewundern muß / ist /
daß er in lustigen sachen eben so glücklich gewesen ist / als in
traurigen« (Benjamin Neukirchs Anthologie, Teil I, 1961,
S. 13). Für *Mühlpfort* gehören Hoffmannswaldau und G. eng
zusammen; in ihnen erkennt er die erlauchtesten Geister des
schlesischen Parnasses, die auf jeweils eigene Weise die deutsche
Dichtung zu einer nicht mehr überbietenden Höhe geführt haben. Während ihn bei Hoffmannswaldau die wie »Honigseim«
fließenden und mit der »Zierlichkeit der Rosen-Worte« ge-
schmückten Reden faszinieren, hebt er bei G. als unnachahm-
lich hervor, was für seine Trauerspiele charakteristisch ist:
». . . Wenn Cron und Throne fallen / Wenn Himmel / Erde /
Lufft vom schwartzen Donner knallen / Wenn über unserem
Kopff ein glüend Blitz erkracht / Gifft / Dolchen / Stränge /
Pfahl / Todt / Wunden / Marter / Brände / Vollziehn der Zeiten
Lauf / und ihr erbärmlich Ende« (Mühlpfort »Teutsche Gedichte«, Breßlau 1698, S. 116 f.). Auch in *Wernickes* »Helden-
Gedichte / Hans Sachs genannt« bezeichnet der Name von G.
neben dem von Lohenstein die Glanzleistung des deutschspra-
chigen Trauerspiels, und wieder geschieht dies mit einem Sei-
tenblick auf die Franzosen: Säßen G. und Lohenstein in Nürnberg »hinterm Theater«, so könnte man »Paris den Vorzug

selbst abstreiten« (Wernicke »Uberschrifte Oder Epigrammata
...«, Hamburg 1701, S. 410).

An der gleichen Stelle fällt bei Wernicke der Name Hoffmannswaldaus und in eben dem Sinne, daß auch er, wäre er in
Nürnberg ansässig gewesen, der Stadt zu großem Glanz verhol-
fen hätte. Diese Dichtertrias begegnet, wie wir bereits feststell-
ten, des öfteren in den Schriften jener Zeit, auch noch bei *Chri-
stian Günther*, der sich mit einem bescheidenen Platz im »Elyser
Feld«, in dessen berühmten Thoren »Gryph, Lohenstein und
Hofmann« obenan stehen, begnügen will. (Günther »Sämtliche
Werke«, 1964, Bd 3, S. 32 f.; vgl. ferner Bd 4, S. 97; Nachklänge
der G.schen Lyrik finden sich ebenfalls noch bei Günther).
Darin stimmt er mit einer der bedeutendsten Poetiken jener
Zeit, dem »Unterricht Von der Teutschen Sprache und Poesie«
Daniel Georg Morhofs überein, die zunächst einen Überblick
über die europäischen Literaturen gibt; dort werden die drei
Namen gleichfalls in einem Atemzug genannt, und wieder ist
vor allem von den Verdiensten G.s und Lohensteins um das
deutsche Trauerspiel die Rede (Morhof: »Unterricht...«, Kiel
1682, S. 430 f.). Die Vortrefflichkeit ihrer Tragödien führt Morhof auf die Nachahmung der Griechen und Römer zurück,
ohne die »Nichts beständiges und vollkommenes außgeführet
werden kan«. Ein späteres Kapitel gibt einen weiteren Grund
an; im Sinne von Opitz unterscheidet Morhof zwischen dem
niedrigen stylum der Lust- und dem hohen der Trauerspiele:
»In diesen sein Andreas Gryphius und Daniel Caspar vortref-
lich / von welchen in Teutscher Sprache das Muster zu nehmen«
(S. 739). Anerkennung widerfährt auch einem Lustspiel des
Dichters, aber eben nur, wie die Zusammenstellung zeigt, diesem einen: Im Teutschen könne man G.s »Horribilicribrifax«
und Daniel Schwenters »Peter Squentz« rühmlich nennen (S.
740). Bei der Sonettdichtung freilich gilt ihm Fleming als eigent-
licher Höhepunkt – diese Ansicht wird sich bis Gottsched halten.

Omeis, der sich an Morhof öfter anschließt, erwähnt die
Schlesier nur kurz, an ihrer Spitze die bekannte Trias G.,
Lohenstein und Hoffmannswaldau; ansonsten verweist er auf
Neukirchs Vorrede, dessen Urteil er sich anschließt. Während
er G.s Beiträge nur selten erwähnt, gibt er eine Vorliebe für
Lohensteins Trauerspiele zu erkennen. (»Gründliche Anleitung
...« 1704).

Auch wenn selbst noch im dritten Jahrzehnt des 18. Jhs dem
Trauerspieldichter G. des öfteren uneingeschränkte Anerken-

nung zuteil wird (so in S. *Johns* »Parnassus Silesiacus . . .« 1728, S. 139 ff. oder *C. G. Heräus'* »Gedichte . . .« 1721), zeigen sich doch schon am Ende des 17. Jhs Änderungen in der Bewertung, die unterschiedlichen Perspektiven und Traditionen entstammen. Sie sind von M. Windfuhr zusammengestellt worden. Neben Zeugnissen, die Lohenstein als bedeutendsten Dramatiker feiern – das geschieht u. a. im »Allgemeinen Historischen Lexikon« von 1709 und in *C. Stieffs* »Anleitung zur Poesie . . .« von 1725 (S. 81 ff.), erscheinen neue Gruppierungen, die programmatische Bedeutung besitzen. Als allen bekannte Dramatiker nennt die Anthologie »Des Schlesischen Helicons auserlesene Gedichte . . .« 1699 (S. 22 f.) G., Lohenstein und Weise, während *J. E. Weise* in seinen »Unvorgreiflichen Gedancken . . .« 1708 (S. 81) zwischen G. und Lohenstein (sowie Hoffmannswaldau) einerseits und C. Weise andererseits unterscheidet, weil sich dessen »deutlicher« und »ungezwungener« Stil vom »majestätischen« und »sinnreichen« der Schlesier abhebe. Was hier als bloßes Einteilungsprinzip dient, wird zu dieser Zeit schon zu einem Stein des Anstoßes. Interessant ist in diesem Zusammenhang *Wernickes* Urteil in der Vorrede zu seinen Epigrammbüchern: Opitz, G. und »derselben zwey berühmte Nachfolger Hoffmannswaldau und Lohenstein« verdienten, wie es anfangs heißt, den größten Preis. Die folgenden Äußerungen aber lassen keinen Zweifel daran, daß er an den »berühmten Nachfolgern« nicht wenig auszusetzen findet, vor allem an ihrer Sprache. Lohenstein sei durch seine Hitze »gleichsam . . . in eine Poetische Raserey« verfallen, was er an einer Textprobe aus dem Jbrahim zu erweisen sucht, und bei Hoffmannswaldau nimmt er Anstoß an einem Vers wie »Zinober krönte Milch auf ihren Zucker-Ballen«, an dem er die Unstimmigkeit der Bilder bemängelt. (Vorrede, 2^{b}ff).

Das richtet sich gegen den überladenen Stil und das Schwelgen in Bildern und gesuchten Vergleichen der sogenannten zweiten Schlesischen Schule, von der sich Opitz und G. durch eine maßvolle Schreibart abheben. *E. Neumeister,* der im »Specimen dissertationis . . .« 1706 (S. 42 f.). G.s religiöse Jugenddichtung, sodann die Berger extravagant-Übersetzung und den Papinian besonders würdigt, merkt bereits ein Jahr später in »Die Allerneuste Art . . .« (S. 498) recht kritisch an, daß G., Lohenstein u. a. »mit judicio et selectu« gelesen werden sollten.

Diese Zurückhaltung wird schon bald aufgegeben, auch wenn noch im Einzelfall Differenzierungen zu beobachten sind. Pietismus und Frühaufklärung sind entscheidend an der generellen Verurteilung der schlesischen Tragödiendichter beteiligt, wobei sich massive Stilkritik mit moralischen Wertungen verbindet. In Halle, dem Zentrum von Pietismus und Frühaufklärung, erscheint 1720 A. N. *Hübners* »Gründliche Anweisung zum Deutschen Stilo«, in der neben Lohenstein u. a. Schlesiern auch die Lektüre von G.s Werken empfohlen wird, um Abirrungen kennenzulernen und ihnen so zu entgehen (S. 327). Im Vergleich dazu zeigen sich die »Vernünfftigen Tadlerinnen« noch recht maßvoll, wenn sie in einem Lektüre-Kanon für Frauen zwar zuerst Weise empfehlen, dann aber doch Optiz und G. noch zulassen, während sie vor Hoffmannswaldau und Lohenstein warnen. In einer später zusammengestellten idealen Frauenbibliothek fehlt dann freilich Andreas G., nicht aber sein Sohn Christian. (1. Teil 1725, S. 96 ff. u. 184 f.)

Das verrät eine gewisse Unsicherheit, die bei *J. C. Gottsched* vielfach zu beobachten ist. Im »Versuch einer Critischen Dichtkunst«, die sich wie schon viele Barockpoetiken um den Nachweis bemüht, daß auch die Deutschen in der Poesie Beachtliches geleistet haben, wird die vielberufene Trias erwähnt, doch nur noch G. mit Lob bedacht, während Lohenstein und weitgehend auch Hoffmannswaldau ihrer schwülstigen und unnatürlichen Sprache wegen in Ungnade fallen. Als Zeuge für den Ungeschmack der »marinischen Schule« muß freilich auch G. herhalten, und Fehlerhaftes merkt er öfter zu G.s Trauerspielen an. Wohl hält er G.s Sprache für weitaus vernünftiger als die Lohensteins, in der übertriebenen Verwendung von Geistererscheinungen und allegorischen Figuren aber findet er seine Trauerspiele tadelnswert (S. 625). Seine volle Zustimmung versagt er ebenso den G.schen Komödien, obschon er ihnen zuerkennt, daß sie im Vergleich zu den vielen unzulänglichen Produktionen des 17. Jhs noch am meisten Beachtung verdienen. In der Hudemann-Rezension von 1732 hält er G. wie Lohenstein vor, daß sie nach dem bösen Muster des tragischen Seneca ihre Helden »fast übermenschlich« reden lassen; in der Vorrede zum »Nöthigen Vorrat« 1757 aber bescheinigt er G., Lohenstein und Hallmann, daß sie den Vergleich mit den englischen und italienischen Tragödien des 17. Jhs sehr wohl aushalten.

Nur wenige Jahre nach der »Critischen Dichtkunst« erschienen die »Character der deutschen Gedichte« (1734), deren Stieff, wie wir eingangs erwähnten, wegen des darin ausgesprochenen Urteils über G. mit Entrüstung gedachte. Der Verfasser dieses Werkes ist kein geringerer als der Schweizer *Johann Jakob Bodmer,* der schon in den »Nachrichten von dem Ursprung« 1714 (S. 99) eingestanden hatte, daß er von der Kraft der G.schen Trauerspiele nichts empfunden habe. Der in Alexandrinern geschriebene »Character . . .« enthält eine Sammlung von Chrakteristiken deutscher Dichter und setzt Maßstäbe, die auch im späteren Schaffen Bodmers weitgehend relevant blieben. Für Bodmer ist – nach einer Zeit der Dürre – Martin Opitz die herausragende Dichterpersönlichkeit, der ein Troß von Poeten, unter ihnen G., Fleming, Dach, Rist, Mühlpfort u. a. nachzuahmen sich bemüht. Während diese wenigstens im einzelnen erreichen, was Opitz in seiner Universalität vereinigt, gleiten Hoffmannswaldau und Lohenstein, Amthor und Postel ganz von Opitz' sicherm Gleise ab. Nicht eben schmeichelhaft ist freilich auch das, was er über G. zu sagen hat:

»Gryph wußte noch nicht wohl, was recht zu wissen ist . . .
wie durch Beschreibungen die Sachen auszudehnen,
Wie künstlich aufzuziehen, wie artig zu beschönen,
Wodurch das süße Leid und Schrecken sich erweckt,
Durch was für Schlüssel man des Herzens Spring ent'deckt . . .«

Konkreter, doch nicht weniger kritisch, äußert er sich dann in den »Critischen Betrachtungen über die poetischen Gemählde der Dichter« von 1741; hier beklagt er, daß G. bei den tragischen Personen nicht das rechte Maß, den Grad der Höhe und den richtigen Wechsel zu treffen vermochte und die Leidenschaften der Charaktere unnatürlich und gezwungen abmalt (1741, S. 361 ff.).

Letzteres deckt sich mit *Breitingers* Kritik, die sich zunächst gegen Lohenstein richtet: »Die Character der Personen sind aus Augen gesetzt, und die Gemüths-Bewegungen gantz erstecket, und über die Schnur getrieben«. Denn durch alle Personen rede nur der Verfasser selbst. »In allen diesen Stücken hat Andr. Gryph vor ihm [Lohenstein] nicht viel zum Voraus!« (J. J. Breitinger »Critische Abhandlung Von der Natur den Absichten und dem Gebrauche der Gleichnisse . . .«, Zürich 1740, S. 221 f.).

Die beiden »Autoritäten« Bodmer und Gottsched hat offensichtlich *Carl August Kütner* geplündert, als er sein zweibändiges Werk mit dem an Bodmer gemahnenden Titel »Charaktere teutscher Dichter und Prosaisten« niederschrieb. Über G.s Trauerspiele äußert er sich ähnlich abschätzig wie der schweizer Literaturkritiker, wohingegen er mit Gottsched den Lustspielen einigen Rang zuerkennt. Mit seiner zusammenfassenden Bemerkung, daß G. »die Griechen und Schakespear, die Natur und das menschliche Herz« kannte und bei genauerer »Theaterkenntniß . . . der Dramatiker neben Opitz als Lehrdichter« hätte werden können, scheint er geneigt, dem Dichter mehr Gerechtigkeit widerfahren zu lassen, doch er schließt mit der Feststellung, daß die geistlichen Sonette – und sie werden von den »Sinngedichten« abgehoben – wenig bedeuteten (»Charaktere«, Bd I, 1781, S. 156 ff.). Etwa zur gleichen Zeit machte *Ramler* das Publikum mit 75 Epigrammen des G. bekannt; sie sind freilich alles andere als authentische Texte, sondern wurden wie die meisten der von Ramler besorgten Sammlungen nach seinem Gutdünken zurechtgestutzt.

Kütners Hinweis auf die Natur und das menschliche Herz enthält die Schlagworte der damaligen Kunstkritik. Natur bedeutete zumeist Einfachheit oder »Simplicität«, und Herz stand für psychologische Wahrscheinlichkeit. Beides aber wurde des öfteren dem Dramendichter G. abgesprochen, wobei die Gleichnisreden ein wichtiges Kriterium abgaben. In diesem Sinne äußerte sich schon 1743 *C. Mylius* in seiner »Critischen Untersuchung«, und im Zeichen der Polemik gegen »Schwulst« und »Galimatias« steht auch die Abwertung der Schlesier zugunsten Gottscheds und seiner Trabanten in dem von Gottschedschülern verfaßten »Handlexikon« von 1760.

Unregelmäßigkeit und Mangel an Einheit lastet Kütner den G.schen Trauerspielen an – und das zu einer Zeit, da man dem Regelzwang längst den Kampf angesagt und Shakespeare zum mächtigsten Kronzeugen gegen den Geschmack der Franzosen erkoren hat. In seiner »Vergleichung Shakespears und Andreas Gryphs« (1741) hatte *J. E. Schlegel* schon vierzig Jahre vor Kütners Urteilsspruch der neuen Betrachtungsweise vorgearbeitet; auch er bekennt zunächst, daß beide Dichter, und zwar Shakespeare noch weniger als G., die Regeln beachten, läßt aber keinen Zweifel daran, daß dem Deutschen wie dem Engländer Werke von beachtlichem Rang gelungen sind. Als ihr gemeinsames Verdienst würdigt er die gelungene Darstellung der Charaktere, doch zeigt er sich auch gegenüber ihren Fehlern nicht blind; für letztere wie für das erstere wartet er mit Beispielen aus den Dramen »Julius Caesar« und »Leo Armenius« auf, die er seiner »Vergleichung« zugrundelegt. Daß er dabei in Shakespeare den größeren Dichter erkennt, steht außer Zweifel; er findet ihn in der Charakterschilderung »kühner« und in der Verwendung der Leidenschaften ökonomischer:

»Beyde . . . sind in ihren Gemüthsbewegungen edel, verwegen, und noch etwas über das gewöhnliche Maaß der Höhe erhaben. Beyde sind auch zuweilen schwülstig und verfallen auf weit ausgeführte und weithergeholte Gleichnisse . . . Der Unterschied zwischen beyden ist in ihren Gemüthsbewegungen bloß dieser, daß Shakespeare zwischen jeglicher Gemüthsbewegung einigen Raum läßt; Gryph aber alles zu Gemüthsbewegungen machen will, und dadurch . . . in etwas übersteigendes und lächerliches fällt« (S. 567).

Gerade hinsichtlich der Charaktere jedoch schränkt er sein Urteil insofern ein, als er in ihrer unterschiedlichen Darstellung zwei Möglichkeiten dichterischen Gestaltens verwirklicht sieht:

»Es ist also eine erlaubte Kühnheit, seine Helden selbst zu machen, wenn sie nur die Geschichte nicht offenbar Lügen strafen . . . Und es ist eine lobenswürdige Mühsamkeit, die innersten Winkel der Geschichte zu durchstören, und den alten Helden wieder lebendig zu machen« (S. 557 f.).

Die neue Generation, des Regelzwanges überdrüssig, hob Shakespeare auf ihren Schild und verlor den schlesischen Dichter, den Schlegel eines Vergleichs mit dem großen Briten für durchaus würdig hielt, aus den Augen. Welcher Mangel an Kenntnis in bezug auf die Barockzeit herrschte, wird am Beispiel von *C. F. D. Schubarts* »Vorlesungen . . .« von 1777 erschreckend deutlich. Bei *Herder* wird G. nur noch beiläufig erwähnt, einmal in »Von deutscher Art und Kunst«, sodann im Horenbeitrag »Iduna« als Beispiel dafür, daß es im Unterschied zu Shakespeare den deutschen Dichtern nicht gelang, eine eigenständige Mythologie zu erschaffen (SW, Bd 18, S. 487), schließlich in den gleichzeitig erschienenen »Briefen zur Beförderung der Humanität«, wo es gilt, die deutsche Poesie vom Makel der bloßen Nachahmung fremder Vorbilder zu befreien: ». . . wer verdankte es dem Andreas Gryphius, dem von Lohenstein, daß sie unter ihrer Bürde bürgerlicher Geschäfte für Sprache und Poesie das thaten, was sie gethan haben?« (ebda, S. 112 f.). Die apologetische Absicht dieser kurzen Bemerkung kann freilich den Eindruck nicht verwischen, daß der Kenner der europäischen Literatur, dessen Einfühlungsvermögen sich selbst die fremdesten Zeugnisse erschlossen, den Schöpfungen eines G. nur wenig Verständnis entgegenbrachte. Schätzte *F. v. Blanckenburg* wenigstens G.s Sonette, so besitzt für *Goethe* offensichtlich G.s Werk nur den Charakter des Kuriosen. Sicher nicht zufällig führt er es in Verbindung mit dem tollen Friedrich am Ende der »Lehrjahre« an – es gehört zu den Quellen, aus denen Friedrich und Philine im Wechsel einander zusammenhanglos vorlesen, um die Langeweile zu vertreiben (HA, Bd 7, S. 558). *Schiller* hat den großen schlesischen Dichter nirgends erwähnt, obschon einiges daraufhindeutet, daß er dessen Dramen kannte. Die moderne Schillerforschung ist freilich mit Recht skeptisch gegenüber allen Versuchen, die den klassischen Dramatiker zu einem Geistesverwandten des schlesischen Trauerspieldichters erklären. Beachtenswert bleibt zweifelsohne der Nachweis von Motivübereinstimmungen in »Maria Stuart« und »Catharina von Georgien«, obschon auch hierbei die Annahme einer direkten Entlehnung nicht zwingend ist.

Im Ganzen gesehen zeigen auch die Vertreter der deutschen Romantik erstaunlich geringes Verständnis für G. Eines seiner Werke allerdings hat es ihnen angetan, das Trauerspiel der »Unglücklich Verliebten«, »Cardenio und Celinde«. *Arnim* nennt es »einzig und vortrefflich auf der deutschen Bühne« und verspricht eine Neuausgabe. Sein »Halle und Jerusalem«, das das Thema der Cardenio-Celinde-Handlung aufnimmt, war ursprünglich nur als eine zeitgemäße Erneuerung des G.schen Trauerspiels geplant. *Sophie Brentano* bearbeitet in der »Bunten Reihe« eine Szene dieses Dramas, und *Tieck* nimmt es neben »Peter Squentz« und »Horribilicribrifax« in sein »Deutsches Theater« (1817) auf. Während Arnim zudem noch am »Piast« Gefallen findet – er könnte, so schreibt er an Brentano, unter Goethes Namen gehen –, antwortet der Empfänger mit dem witzelnden Wortspiel, daß der Piast nicht einen Piaster wert sei.

In den literarhistorischen Betrachtungen jener Zeit aber erhält auch der schlesische Dichter nur wenig Beifall. *A. W. Schlegel* bezeichnet ihn als »unseren ersten namhaften dramatischen Schriftsteller«, bedauert jedoch den Mangel an Einsicht in die Erfordernisse des Theaters. Daß man G. sogar mit Shakespeare zu vergleichen wagte, erscheint dem Übersetzer der Werke des großen Briten schlechthin unverständlich (»Dramaturg. Vorlesungen 1809–1811«, S. 402). Für *Friedrich Schlegel* besteht eine enge Beziehung zwischen Blüte und Verfall politischer Macht und poetischer Produktion; nachdem der dreißigjährige Krieg die Kraft der Nation gebrochen hat, entartet die deutsche Dichtung zur Künstelei. Am Anfang dieser »Epoche der Barbarei« steht Hoffmannswaldau, der den schlechten Geschmack einführt, den dann Lohenstein herrschend macht. Opitz und Fleming als Vertreter einer noch nicht verdorbenen Zeit ernten Lob, während G.s Name überhaupt nicht fällt (»Geschichte der alten und neuen Lit. Wiener Vorles.«, 1812, S. 252 f.). Ähnlich abwertend äußert sich *Tieck* über die Dramen des ganzen Jahrhunderts: »Es ist augenscheinlich, daß hier von einer trüben, gedrückten Zeit die Rede ist, in welcher die Kunst der Muse sich nicht entfalten konnte«. Das wird in den recht ausführlichen Inhaltsanalysen der G.schen Stücke an vielen Stellen exemplifiziert (L. Tieck »Kritische Schriften«, 1848, Bd I, S. XII u. 368 ff.). Wenn er in einer anderen Abhandlung bedauert, daß G. den Faden schon zerrissen fand, den die Dichtkunst mit dem Volke verband (»Krit. Schriften«, Bd 4, S. 195), so weist dies auf die Gedanken eines nicht minder kritischen Betrachters voraus, der die Leistungen der schlesischen Dichter des ganzen Zeitalters nach dem gleichen Maßstab beurteilt. Für *Eichendorff* nämlich bedeutet die Abkehr von der volkstümlichen Tradition eine Verfehlung. Gerade G. vollziehe den eigentlichen Übergang vom Volke zu den Gelehrten, obschon er noch ungewiß in der Mitte zwischen beiden verharrt, was Eichendorff vor allem in den Lustspielen des Dichters zu erkennen glaubt. Die gleiche Unsicherheit verrate sich darin, daß G. im »Horribilicribrifax« gegen die anmaßende Schulweisheit der Gelehrten vom Leder ziehe, während er selbst in seinen Tragödien sich den Seneca zum Muster wählt.

»In diesen Trauerspielen aber ist eigentlich der Dichter selbst die tragische Person, wie er unablässig in finsterem Groll und Schmerz mit dem ungeheuren Unglück des Vaterlandes, mit der verwilderten Sprache und den Mißgeschicken seines eigenen Lebens männlich ringt, überall das Hohe ahnend, wofür er doch nirgend den rechten Ausdruck finden kann, und dafür häufig auf die ausschweifende Ungeheuerlichkeit der Rede verfällt, und in steter unruhiger Hast nach den entgegengesetztesten, antiken, romantischen und modern-politischen Stoffen um sich greift«. Darin habe er Lohenstein vorgearbeitet, der den Ernst und Schmerz seines Meisters vergaß und nur seine Extravaganzen beibehielt. (Eichendorff »Geschichte der poet. Literatur Deutschlands«, Werke u. Schriften, Bd 4, 1958, S. 118 f.).

Für diese Unsicherheit macht Eichendorff letztlich die religiöse Spaltung verantwortlich, die dem deutschen Drama höchst hinderlich geworden sei. Das wird an »Catharina von Georgien« exemplifiziert, die er zu den geistlichen Schauspielen rechnen möchte. Doch er vermißt selbst in diesem Werk die »alte Glaubensfreudigkeit«, da an die Stelle der unmittelbaren göttlichen Leitung allegorische Gottheiten, Furien, Zauberer und Geister getreten seien, die wie ein heidnisches Fatum in das Schicksal der Helden eingreifen. Unter diesem Aspekt erscheint G. als der Dichter einer neuen, von der Glaubensgewißheit der Älteren sich entfernenden Ära (»Zur Geschichte des Dramas«, ebda, S. 565). Gleiches gilt nach Eichendorff auch für den Lyriker G., dessen finsterer Ernst ein beredtes Zeugnis dafür ablege, daß die neue Lehre dem religiösen Gemüt allen Trost und Segen genommen habe.

Nur wenige Jahre vor diesen Äußerungen des gläubigen Katholiken Eichendorff schuf eine Katholikin einen Gedichtzyklus, in dem nicht minder ernst eine nach Glauben dürstende Seele um letzte Gewißheit ringt. Es ist »Das geistliche Jahr« der *Anette von Droste-Hülshoff,* das in vielfacher Hinsicht an die Sonn- und Feiertagssonette des Protestanten G. gemahnt. Auch den Drosteschen Gedichten fehlt jener naive Glaube, den Eichendorff in den Schöpfungen des schlesischen Barockdichters vermißte, und wie dieser unternimmt auch die Droste mit jedem neuen Gedicht den Versuch, aus Ungewißheit und Not zu letzter Klarheit und Sicherheit vorzustoßen.

Doch nicht die Subjektivität Eichendorffs, sondern der Mangel an Gespür für die dichterischen Potenz eines G. erregt Erstaunen, und das um so mehr, als es an verständnisvollen Würdigungen des schlesischen Dichters in jener Zeit nicht fehlt. Zu ihnen zählen ohne Zweifel die Ausführungen von *Gervinus* in seiner »Geschichte der Deutschen Literatur«, die 1853 bereits in vierter Auflage erschien. Auch Gervinus verkennt nicht die Schwächen insbes. der G.schen Dramenproduktion, doch er erklärt sie aus den historischen Gegebenheiten. Sein eigentliches Verdienst aber besteht darin, daß er sich über den Rang des Lyrikers wie Dramatikers G. sogleich im klaren ist, wobei er den Vanitas-Gedanken als Ausdruck persönlichen Erlebens versteht. Er bezeichnet ihn als den selbständigsten und vielseitigsten Dichter des 17. Jhs, in dem neben Hoffmannswaldau und Lohenstein die deutsche Literatur jenes Zeitalters ihre schönste Höhe erreichte (»Gesch. d. dt. Lit.«, Bd 3, [4]1853, S. 350).

Gervinus' Urteil über G. bleibt fortan maßgebend; wir nennen Beispiele aus der Literaturgeschichtsschreibung des 19. Jhs – *Kobersteins* »Geschichte der deutschen Nationalliteratur«, *Lemckes* »Von Opitz bis Klopstock« und *Scherers* »Geschichte der Deutschen Literatur«. Letzterer teilt mit Gervinus die Vorliebe für das eigenwilligste der G.schen Trauerspiele, »Cardenio und Celinde«, sowie für das Lustspiel in schlesischer Mundart »Die geliebte Dornrose«.

Ein breites Interesse für G. zeigt die Literaturwissenschaft freilich erst mit Erscheinen der dreibändigen Ausgabe der »Werke«, die mit Ausnahme der Prosa alle deutschsprachigen

Schöpfungen enthält und von *H. Palm* in den Jahren 1878 bis 1884 herausgegeben wurde. Einige Teilsammlungen sowie ein Neudruck des Mischspiels »Verliebtes Gespenst – Die Geliebte Dornrose« waren schon vorher herausgekommen, ebenso einige wenige Abhandlungen über den Dichter und sein Wirken, darunter die zwischen 1811 und 1814 entstandene Arbeit aus der Feder des an der Breslauer Universität lehrenden Historikers *Bredow*. Fast gleichzeitig mit Palms Neuausgabe, die schwerwiegende Mängel aufweist, erschienen in den ›Halleschen Neudrucken‹ die beiden Lustspiele »Horribilicribrifax« (1876) und »Peter Squentz« (1877), sodann (1883) die »Sonn- und Feiertags-Sonette« in der Erstfassung mit den Abweichungen der Ausgabe letzter Hand. Die in erstaunlicher Zahl veröffentlichten Beiträge jener Zeit – es sind allein in den letzten zwei Dezennien des vergangenen Jahrhunderts fast zwei Dutzend – beschäftigen sich außer mit biographischen und bibliographischen Problemen mit der Frage nach den Quellen für einzelne Werke, den Einflüssen auf den schlesischen Dichter und seiner Nachwirkung. Zu den wichtigsten Ergebnissen dieser Beiträge gehören dabei die von *Kollewijn* ermittelten Entlehnungen aus der holländischen Dramenliteratur; seine Feststellungen wurden später ergänzt und in einigen Fällen modifiziert. Demgegenüber ist den Ausführungen *Wysockis* in seinem voluminösen Buch über »Gryphius et la tragédie allemande au 17me siècle«, insbesondere beim Nachweis der Anlehnung an französische Vorbilder, schon bald mit gutem Recht widersprochen worden. Daß in diese Zeit die Wiederentdeckung des Lyrikers G. gehört, zeigen die Bemühungen von *Tittmann* und *Welti*.

Nach der Jahrhundertwende nahm das Interesse der Literaturwissenschaft für G. und sein Werk noch zu. Zwei Arbeiten desselben Jahres (1907) setzen Kollewijns Untersuchungen über Einflüsse auf den Dramendichter G. fort, wobei sie neben den Dramen der Holländer auch die der »Alten« und des Jesuitentheaters einbeziehen. Mit dem letzteren beschäftigt sich das Buch von *W. Harring*, der den zahlreichen Übereinstimmungen in der Stoffwahl wie der Technik nachgeht und – einer Anregung Zeidlers folgend – die Abhängigkeit des G.schen »Leo Armenius« vom gleichnamigen Drama des Jesuiten Joseph Simon überzeugend darlegt. Eine Ausweitung erfahren diese Beobachtungen sodann in der umfassenden Abhandlung *P. Stachels*, indem er der Einwirkung Senecas, dem zugleich die Jesuiten wie die Holländer verpflichtet sind, auf G.s Dramenschaffen nachgeht.

Mit G.s Herodes-Epen hatte *E. Gnerich* bereits ein Jahr davor das Publikum bekanntgemacht; er veröffentlichte die schon 1864 in der Breslauer Staatsbibliothek aufgefundenen lateinischen Jugenddichtungen und vermittelte durch seinen Nachweis der benutzten Quellen einen Eindruck von der erstaunlichen Belesenheit des jungen G. Bei seiner Edition konnte Gnerich auch das Danziger Exemplar des zweiten Herodes-Epos berücksichtigen, das *V. Manheimer* inzwischen aufgefunden hatte.

Manheimer verdankt die G.-Forschung nicht nur eine sorgfältige Bibliographie der Werke des schlesischen Barockdichters, die Goedekes Verzeichnis ersetzte, aus seiner Feder stammt auch das erste bedeutende Buch über G.s Lyrik (1904). Die sorgfältige Bestandsaufnahme der formalen und sprachlichen Ausdrucksmittel, das Aufspüren der mannigfaltigen Anregungen durch zeitgenössische Lyriker und die genaue Analyse des in den zahlreichen Umformungen sich abzeichnenden Schaffensprozesses gewähren Einblick in die innere Entwicklung des Dichters und erweisen sich darüber hinaus durch die Fülle des beigebrachten Vergleichsmaterials als bedeutender Beitrag zu einer Stilistik des 17. Jhs. Mit seinen in einem zweiten Teil dargebotenen Betrachtungen zu einzelnen Abschnitten und Ereignissen aus dem Leben des Dichters gibt er sodann ein Muster dafür, wie die Forschung das Halbdunkel der G.schen Vita weiter zu erhellen vermag, ohne sich auf das gefährliche Feld der Spekulation begeben zu müssen. Der angehängte Abdruck des bislang unbekannten Lissaer Sonettbuchs rundet das Bild des jungen G. ab, und eine Sammlung von Berichtigungen und Nachträgen zu Palms Ausgabe der lyrischen Gedichte läßt den Leser sogleich erkennen, in welchem Maße es der Editor der ersten umfassenden Ausgabe von G.s Werk an philologischer Sorgfalt hat fehlen lassen.

Die Beschäftigung mit G. und darüber hinaus mit dem deutschen Literaturbarock erhält in der Folgezeit noch dadurch einen Aufschwung, daß die Dichter des Expressionismus in einer gefühlsbestimmten Metaphorik ihr adaequates Ausdrucksmittel finden. »Die meisten der barocken Stilvarianten wirken sich in der expressionistischen Bildlichkeit aus . . . Am deutlichsten und ausgedehntesten sind aber die Wirkungen des Affektstils. G. und Kuhlmann gehören zu den bevorzugten Barockdichtern in der ersten Hälfte unseres Jahrhunderts«. Diese Feststellung stützt *M. Windfuhr* mit einer Sammlung von Bildern, die sich bei G. und ganz ähnlich in den Dichtungen des deutschen Expressionismus finden. Die Anthologien »Das dunkle Schiff« (1916) von Klabund und »Die deutsche Lyrik des Barock« (1923) verdanken ihre Entstehung und Verbreitung der Überzeugung einer geistigen Verwandtschaft beider Epochen.

Unter dem Einfluß der von *F. Strich* (1916) und *A. Hübscher* (1922) wesentlich geförderten Beschäftigung mit dem Literaturbarock gewinnt G. zunehmend an Interesse und Bedeutung. Das gilt u. a. für die Arbeiten von *K. Viëtor, H. Cysarz, G. Müller* und *P. Merker*. Schon 1921 veröffentlicht *W. Flemming* sein Buch über »A. Gryphius und die Bühne«, dessen Einzelanalysen sich um den Nachweis bemühen, daß G.s Dramen für eine Aufführung auf der zeitgenössischen Bühne konzipiert worden sind. Einem biographischen, von den Theatereindrücken handelnden Teil verdanken wir eine Reihe neuer Einblicke in die Vita des Dichters. Später folgen vom selben Autor eine Abhandlung über die ›Reyen‹ in G.s Trauerspielen und eine zusammenfassende Darstellung von Vondels Einfluß auf die Dramen des Schlesiers, wobei die eigenständige Leistung von G. besonders betont wird. Dazu bringt der 1948 erschienene Aufsatz von *C. K. Pott* nur einige unbedeutende Ergänzungen.

Die Prävalanz der geistesgeschichtlichen Betrachtungsweise, die wesentlich auf Erkenntnisse *W. Diltheys* sich bezieht, bestimmt die Ausführungen *E. Ermatingers* in seiner 1925 geschriebenen Studie über den protestantischen Barockdichter G., der in übergreifende geistige Zusammenhänge eingeordnet und als ein von polaren Spannungen geprägter Poet zum hervorragenden Repräsentanten der ganzen Epoche erklärt wird, indem er protestantische Jenseitshoffnungen und Sinn für die reale Welt verbindet. Diese Gedankengänge nimmt später *E. Staiger* (1936) auf, freilich ohne die ideologischen Ansprüche, die der Ermatingerschen Abhandlung zugrundeliegen.

Als letzter Beitrag der zwanziger Jahre sei die Arbeit von *F. Gundolf* genannt, der G.s Leistungen nach seinen Vorstellungen vom großen Dichter mißt; er spricht dem Lyriker wie Dramatiker eine echte dichterische Begabung ab. Als seine eigentliche Fähigkeit versteht er sein sprachlich-rhetorisches Virtuosentum, dem es an tieferen seelischen Tönen mangele. Gelehrte Aneignung und lehrhafte Bemühung seien die Kennzeichen dieser Dichtung. Das erinnert ebenso wie seine Vorliebe für das Cardenio-Celinde-Spiel an die Auffassung der oben erwähnten Romantiker.

Während des Dritten Reiches bestand nur wenig Interesse an G. »Zu Unrecht vergessen« lautet der Titel eines 1938 publizierten Rettungsversuches von *E. Geis,* der eine eigenwillige Umdeutung des Schlesiers unternimmt. Seine Trauerspiele versteht Geis als Mahnung angesichts einer nach Kriegsende »jäh ausbrechenden haltlosen . . . Lebenstrunkenheit«, wie sie auch 1920 geherrscht habe, doch sei eben in der Weimarer Zeit der entsprechende Dramatiker ausgeblieben. Um seine Sprachkraft zu nutzen und ein deutsches Gegengewicht zum wiederentdeckten Racine bei den Franzosen zu schaffen, empfiehlt er eine Aufbereitung der G.schen Trauerspiele. Für *H. Theile,* der G.s Aufenthalt in Leiden poetisch aufbereitet (1939), ist es »ein Größeres«, das durch den Sonettdichter sich bekundet; eben in Holland wird dem Schlesier bewußt, daß »sein Teil und Stand ist, in der Nacht sein Herz laut auszurufen ohne Scham und Scheu«. Zur selben Zeit freilich erscheinen die von *H. Cysarz* besorgte Lyrikanthologie, *W. Flemmings* Gesamtdarstellung und einige Aufsätze sowie die Arbeiten von *G. Fricke* und *F.-W. Wentzlaff-Eggebert,* die der G.-Forschung wichtige Anstöße gaben.

Mit seiner Untersuchung über »Die Bildlichkeit in der Dichtung des A. Gryphius« (1933) trug *G. Fricke* wesentlich zur Erforschung der G.schen Sprachkunst und der barocken Dichtung überhaupt bei. Fricke betont mit Recht die Kluft, die die ›moderne‹ symbolische Bildlichkeit vom barocken Bildgebrauch trennt, und gelangt, vom Beispiel der G.schen Bildersprache ausgehend, zu einer Wesensbestimmung der barocken allegorischen Sprachkunst. Ungeachtet dieses immer wieder hervorgehobenen Unterschiedes aber weist nach Fricke die barocke Dichtung bereits auf die Moderne voraus:

»Noch ist das Zeitalter . . . vom Kreuzgewölbe des Jahrhunderte alten kirchlichen Baues geeint und überdacht. Tatsächlich aber ist schon unendlich viel, was früher fraglose Form war, zur Formel geworden. Tatsächlich bricht allenthalben durch das brüchig werdende Gehäus eine neue, unbewältigte Unendlichkeit ein, der sich der Einzelne preisgegeben sieht, die Unendlichkeit der äußeren Welt und die der inneren Welt, die des Menschen« (S. 115).

Für die Dichtung bedeutet dies, daß der »noch nicht genügend er selber« gewordene Mensch die Dinge weiterhin in ihrem objektiven Sosein beläßt, darüber aber ein poetisch-illusorisches Reich der Wörter erbaut, in dem er die verschiedenartigen Bildbereiche untereinander verbindet, wobei freilich das Willkürliche des Nennens durch einen vorgegebenen Bilder- und Formelschatz eingeschränkt wird. An G. als der herausragenden Dichterpersönlichkeit des Jahrhunderts wird dieser Zwiespalt für *Fricke* besonders evident.

Diese Deutung, die sich mit den Darlegungen *Benjamins* über das barocke Trauerspiel als ein säkularisiertes Mysterienspiel berührt, war in der Folgezeit von entscheidendem Einfluß. *E. Lunding* erkannte in G.s Dramen den neuzeitlichen Idealismus, der die Vorstellungen von Sünde und Gnade durch den Pflichtbegriff des freien Geistes ersetzt, wobei die Sprache der Kirche freilich noch weitgehend verwendet wird. *H. Heckmann* knüpfte an die Gedanken Benjamins an und fand in G.s letztem Trauerspiel die neue Haltung zur Welt verwirklicht; als großmütig erweist sich danach der Rechtsgelehrte Papinianus durch die Selbstbehauptung seines Ich gegenüber einem rein innerweltlichen Verhängnis. Die christliche Begründung hat einer stoischen Moralität Platz gemacht, der um der Tugend willen sich opfernde Held erscheint als säkularisierte Figur des Heiligen. *H. Schöffler* wiederum ging von biographischen Gegebenheiten und dem Cardenio-Celinde-Trauerspiel aus und äußerte die Überzeugung, daß G. von der Descarteschen Philosophie beeinflußt wurde, ja als erster »lutherischer Cartesianer« gelten dürfte, während *H. Powell* die modernen Aspekte der G.schen Weltanschauung auf seine Beschäftigung mit den naturwissenschaftlichen Erkenntnissen jener Zeit, die das bislang gültige Bild der Welt erschütterten, zurückführte.

Viele dieser Vorstellungen finden sich noch in der G.-Deutung der DDR-Literaturwissenschaft. Doch werfen wir zunächst einen Blick auf die G.-Rezeption in der Nachkriegszeit.

1953 und 1954 erschienen in der DDR zwei Anthologien, die den Titel »Deutschland, es werden deine Mauern nicht mehr voll Jammer stehn«, und »Tränen des Vaterlandes« tragen. Sie wurden von *G. Deicke* und *J. R. Becher* zusammengestellt. Die Titel sind programmatisch und machen deutlich, welche Funktion G.s Dichtung übernehmen sollte. Entscheidende Anstöße gingen dabei von Becher, einem großen Bewunderer des schlesischen Barockdichters, aus. War er, wie er selbst bekennt, in dunkelster Zeit von den Vorbildern Hölderlin und Goethe zu G. übergewechselt, so erhebt er ihn nach der Rückkehr ins geteilte Deutschland u. a. zu einem Leitbild für die Überwindung der Folgen des Faschismus. Denn für Becher vertritt G. den Willen zur Macht des Friedens und zur Einheit des Vaterlandes, den es zu erneuern gilt, nicht zuletzt durch die Sprache, der G. durch Reinigung und Bereicherung zu den Bedingungen verhalf, die für die Stärkung des Nationalbewußtseins und der Wiedergewinnung der Einheit unerläßlich sind. In diesem Geiste traf auch Deicke seine Auswahl und wurden die *Eulenberg-*

schen »Schattenbilder« (erstm. 1910; 1950 u. 54) gedruckt und die Kurzbiographien von *K. Leutner* geschrieben (von 1949), die als Sammlung 1957 »Deutsche auf die wir stolz sind« herauskamen. Als »Medizin für eine von Barbarei umwitterte Gegenwart« werden Eulenbergs unhistorische aber volkstümliche Skizzen bezeichnet, während Leutners Ahnengalerie »Patrioten« bzw. »Pioniere des Fortschritts« vorstellt.

Die wissenschaftliche Beschäftigung in der DDR mit dem schlesischen Barockdichter fällt indessen sehr bescheiden aus. Eine Bibliographie zum 300. Todestage 1964 zählt zwar fünf Neudrucke bzw. -auflagen von Stücken des Dichters sowie den von *Szyrocki* betreuten Sammelband auf, enthält jedoch lediglich sechs Titel zu wissenschaftlichen Abhandlungen. Bei vier der fünf Neudrucke handelt es sich um Lustspiele, und das wohl nicht zufällig, heißt es doch in dem 1962 erschienenen Barockband der Literaturgeschichte: »Wir sehen heute in den Komödien, die in Prosa verfaßt sind, das Beste und Gelungenste von G.s dramatischem Schaffen« (S. 311). Die Darstellung ist zweifelsohne um eine ausgewogene Würdigung des Schlesiers bemüht, versucht aber, ihn von der lutherischen Tradition abzuheben und als Vorbereiter der Aufklärung zu deuten. Auch wenn die 1981 erschienene »Kurze Geschichte der deutschen Literatur« im G.-Teil noch weitgehend dem eben erwähnten fünften Band folgt, zeichnen sich doch in jüngster Zeit in der Literaturwissenschaft der DDR ein stärkeres Interesse für Barock überhaupt und die Absicht zu differenzierterer Betrachtung dieser Epoche ab. Das gilt wenigstens teilweise für den G.-Beitrag im Sammelband »Studien zur dt. Literatur im 17. Jh.« von 1984.

Im westlichen Teil Deutschlands wurden zwischen 1947 und 1949 nicht weniger als vier Anthologien von G.-Gedichten veröffentlicht (*I. Rüttenauer, J. Pfeifer, I. Seidel, C. Crone),* und auch sie sind eindeutig als Lebenshilfe unmittelbar nach Kriegsende gedacht. Dazu gehört eine naive Identifikation mit dem tiefgläubigen Dichter, durch die man zur Erneuerung vergessener Wertvorstellungen beizutragen hofft. Für deutsche Barockdichtung, nicht zuletzt für die Lyrik von G., zeigen auch Schriftsteller in den sechziger Jahren besonderes Interesse. Neben Vertretern der konkreten Poesie betätigt sich *H. M. Enzensberger* als Herausgeber – er besorgte 1962 eine Auswahlausgabe G.scher Gedichte. Im 1979 erschienenen »Treffen in Telgte« schließlich geht *Grass* freilich besonders zu G. auf ironische Distanz:

»Gryphius nichtete. Immer war ihm, was er tat, ekelhaft. So heftig er schreiben mußte, so wörterspeiend schwor er immer wieder dem Schreiben ab. Auch lief sein Überdruß an allem Geschriebenen oder gar Gedrucktem Hand in Hand mit seiner Lust, alles Geschriebene, etwa Trauerspiele, die ihm neuerdings von der Hand gingen, oder Schimpf- und Lustspiele, die er plante, bald gedruckt zu sehen.« (S. 44 f.)

Die etwa von 1960 an einsetzende wissenschaftliche Beschäftigung mit G. trat sogleich der Auffassung von dem zwar noch der Tradition verhafteten, aber vom Geist der Moderne doch schon geprägten Dichter mit Nachdruck entgegen. Innerhalb desselben Jahres erschienen zwei Publikationen, die hinsichtlich der Auswertung der patristischen und mittelalterlichen Allegorese für das Verständnis des Dichters in erstaunlichem Maße übereinstimmen. *D. W. Jöns,* der in seiner Schrift über das »Sinnen-Bild« die bereits in der Frickeschen Sammlung enthaltenen Bildfelder von der Emblem-Literatur und der mit ihr gegebenen Tradition her beleuchtet, wobei er der Lyrik seine besondere Aufmerksamkeit zuwendet, weist überzeugend nach, daß der allegorischen Struktur der G.schen Bildlichkeit ein »eindeutig christlich-allegorisches Weltverständnis zugrunde« liegt. *H.-J. Schings* zeigt in seiner Dissertation über »Die patristische und stoische Tradition bei A. G.« am Beispiel der Leichabdankungen, auf die auch Jöns rekurriert, die allegorische Methode und ihren Ausgang von der Schrift auf und gelangt von daher zu einer Deutung der G.schen Märtyrerdramen, die die These vom säkularisierten Mysterienspiel eindeutig widerlegt.

Mit dem Nachweis des emblematischen Charakters barocker Trauerspiele hatte *A. Schöne* dem bereits vorgearbeitet, auch wenn er noch in einzelnen Fällen auf den »kritischen Zusammenstoß entgegengerichteter Auffassungen« im Sinne seiner frühen G.-Deutung verweist (»Emblematik und Drama« 1964). Eine Summe der neugewonnenen Erkenntnis, nach der G. umfassend in der christlichen Tradition wurzelt und als überzeugter Lutheranhänger sich allenthalben zu Wort meldet, zog 1968 die von *G. Kaiser* besorgte Sammlung von Drameninterpretationen.

In den 60er Jahren wurde sodann ein Problem wieder aufgenommen, das *F.-W. Wentzlaff-Eggebert* bereits 1936 erörtert hat. Seine Akademie-Abhandlung beschäftigt sich mit der lateinischen, d. h. insbesondere der neulateinischen Tradition und ihrer Einwirkung auf den deutschen Stil des Dichters. In seiner erweiterten, 1966 vorgelegten zweiten Auflage hat der Autor neben Korrekturen von Szyrocki die Beobachtungen berück-

sichtigt, die *K. O. Conrady* im G.-Kapitel seines Buches über
»Lateinische Dichtungstradition und deutsche Lyrik des 17.
Jhs« vorträgt und die sich im wesentlichen mit den Ergebnissen
seiner Abhandlung decken. Weist eine ganze Reihe von Stilzü-
gen, die in G.s Dichtungen freilich noch eine Steigerung erfahren, auf die lateinische Tradition zurück, so zeigt doch das
Nebeneinander lateinischer und deutscher Dichtungen bei G.,
daß die Vorstellung von einer linearen einsträngigen Stilent-
wicklung zugunsten einer komplexeren aufgegeben werden
muß. Es ist das große Verdienst von *H.-H. Krummachers* Buch
»Der junge G. und die Tradition« 1976, dies dank eines erdrük-
kenden Belegmaterials endgültig nachgewiesen zu haben. Seine
Darlegungen, wonach der junge Dichter geistlicher Texte der
Tradition religiöser deutschsprachiger Literatur eng verbunden
bleibt, haben zugleich gezeigt, daß G. frömmigkeitsgeschicht-
lich der lutherischen Reformorthodoxie zugehört. *I. Scheitlers*
Untersuchung zum geistlichen Lied (1982) hat diese Erkenntnisse bestätigt und ergänzt. Ebenfalls 1976 betonte *W. Mauser*
in einer Reihe von Lyrikanalysen die lutherische Gläubigkeit
des Glogauer Dichters, die dann vielfach auch in sorgfältigen
Einzelinterpretationen von unterschiedlichen Texten des Autors als Schlüssel zum tieferen Verständnis diente. Daß trotz
dieses immer deutlicher sich abzeichnenden Konsensus' weiterhin Arbeiten vorgelegt wurden, die G. doch mehr der ›Moderne‹ bzw. der Aufklärung zuweisen, hat die Diskussion entschieden belebt.

Mausers Aufmerksamkeit galt zugleich dem gesellschaftli-
chen Kontext; damit führte er Überlegungen weiter, wie sie
schon ansatzweise in den 70er Jahren, sodann in grundsätzli-
chen Ausführungen von *C. Wiedemann* (1972 u. 1973) und Einzelanalysen von *E. M. Szarota* (1967 u. 1976) entwickelt worden
sind. Auch wenn dabei teilweise gewagte und inzwischen wi-
derlegte Spekulationen angestellt wurden, haben zahlreiche
Forschungsbeiträge der jüngsten Zeit den eminent politischen
Charakter – insbesondere der Dramentexte – evident werden
lassen. Einen Höhepunkt dieser Bemühungen bilden neben *W.
Kühlmanns* Darlegungen zum Papinian als politischem Modell-
fall (1982) die Untersuchungen von *G. Berghaus* zum »Carolus
Stuardus« (1984), dessen Quellen bereits vorher in einer Reihe
von Aufsätzen Gegenstand des Interesses waren. Parallel dazu
erschienen mehrere Arbeiten und Aufsätze zu den Lustspielen
des Dichters, die ebenfalls G.s politischen Zielvorstellungen
große Aufmerksamkeit widmeten *(A. Schlienger* 1970, *R. Elsner*

1977, *H. v. d. Heyde* 1982, *E. Mannack* 1982 u. 1985). In einem leider nicht immer genug beachteten Aufsatz warf *P. Michelsen* schon 1969 die Frage der Verfasserschaft des Squentz-Spieles auf, die bis heute nicht endgültig geklärt ist.

Ungeachtet des in den Vordergrund gerückten politischen Aspektes hat sich die Forschung auch weiterhin Themen zugewendet und damit Erkenntnisse vertieft, die bereits in den 60er Jahren gewonnen wurden. Das gilt für religiös-konfessionelle Aussagen in unterschiedlichen Gattungen ebenso wie für die Bedeutung der Emblematik (mit bes. Schwerpunkt auf den Leichenreden) und der Rhetorik, wobei *W. Barners* wegweisende Arbeit entscheidenden Einfluß ausübte. Die neueste Forschung wird auch der Bedeutung einer in G.s Schaffen einen breiten Raum beanspruchenden literarischen Gattung gerecht, auf die bereits *W. Schieck* ausführlich und *G. Fricke* eingegangen waren. Sowohl *Jöns* als auch *Schings* stellten an den Anfang ihrer Untersuchungen die Leichabdankungen und entnahmen diesen seit 1698 nicht wieder gedruckten Texten entscheidende Hinweise auf die von G. geübte Kunst der Allegorese und deren Tradition. Seitdem sind sorgfältige Arbeiten und Editionen zu diesem Bereich erschienen, die wir *M. Fürstenwald, S. Rusterholz* und *F.-W. Wentzlaff-Eggebert* verdanken.

Legte *H.-J. Schings* schon 1971 eine grundlegende Studie zur Dramentheorie vor, so zeigt die Forschung in jüngerer Zeit wiederum größeres Interesse für die Theaterpraxis sowie die Dramenrezeption (Vgl. vor allem die Szenare).

Diese intensive Beschäftigung mit G. ist zweifelsohne erleichtert worden durch die Textsituation, wie sie sich seit Beginn der 60er Jahre entwickelt hat. Neben der 1963 begonnenen, von *M. Szyrocki* und *H. Powell* besorgten Ausgabe (mit wichtigen Ergänzungsbänden) erschienen – zumeist mehrfach aufgelegt – Textausgaben in Reclams Universal-Bibliothek, die wissenschaftlichen Ansprüchen genügen und zahlreiche Informationen bieten.

Die intensive Beschäftigung mit G. führt freilich auch dazu, daß sich unser Bild von G.s. Leben, Werk und Wirkung laufend verändert und zur Revision zahlreicher Erkenntnisse zwingt. Insofern bedürften auch die verdienstvollen Monographien von *Szyrocki* (1964) und *Flemming* (1965) einer Überarbeitung bzw. Neufassung. Wertvolle Hilfe bieten dabei die neueren Bibliographien und der ebenso informative wie anregende Forschungsbericht von *F.-W.* und *E. Wentzlaff-Eggebert* (1983).

Dieser Bericht verweist zugleich auf Desiderate in der G.-Forschung und nennt Themen, die einer intensiveren Untersuchung bedürfen. Auch wenn die darin aufgeworfene Frage nach der Stellung des Dichters zwischen Renaissance und Aufklärung mit Vorannahmen verbunden wird, die nicht unproblematisch sind, bleibt festzuhalten, daß in der kritischen Auseinandersetzung mit Krummachers 1976 publiziertem Buch dringliche Aufgaben für die Forschung formuliert wurden. Sie betreffen – so W. Kühlmann – die »veränderten Wirkungsabsichten und Wirkungsbedingungen sowie einen modifizierten Publikumsbezug« beim Verfasser geistlicher Dichtungen.

Eine weitere Aufgabe erscheint nach *A. Martinos* Lohenstein-Buch noch dringlicher, nämlich die systematische Aufarbeitung der G.-Rezeption, die sich streckenweise erheblich von der Lohensteins unterscheidet. Daß ich gegenüber der ersten Auflage in dieses Schlußkapitel eine Reihe neuer Zeugnisse und Hinweise aufgenommen habe, ist in der Absicht geschehen, zu einer systematischen Erarbeitung anzuregen.

Überblickt man die Untersuchungen zu G., so fällt bis heute auf, daß sorgfältige Analysen eines einzelnen Textes oder einer Textsammlung entschieden vorherrschen und nur selten der Blick auf größere Zusammenhänge in G.s Schaffen selbst wie im Vergleich zu dem anderer Autoren gerichtet wird. (Vgl. dazu *W. Vosskamp* 1967). Nur auf diesem Wege könnten nicht sogleich auffallende Veränderungen etwa im Poesieverständnis, in den politischen Überzeugungen oder in der Stellung zur modernen Wissenschaft – G. interessiert sich im Unterschied zu zahlreichen anderen Autoren für Neuerscheinungen in verschiedenen Wissensgebieten – wahrgenommen werden, die sich bei einer genauen Durchsicht vieler Einzelbeiträge zu unterschiedlichen Texten schon jetzt abzeichnen. Zu leisten wäre das in einer Monographie, die das Prinzip der Reihung zugunsten einer zusammenhängenden Behandlung wenigstens einzelner Werkgruppen aufgäbe. »Gryphius, und noch immer kein Ende?« – es ist in der Tat nicht in Sicht.

Literatur:

Zur Ergänzung benutzt wurden hier außer den bereits genannten Forschungsberichten vor allem die Arbeiten von
[399] *C. Wiedemann:* Barockdichtung in Deutschland. In: Renaissance und Barock, hrsg. v. *A. Buck.* Bd 2. 1972, S. 177 ff.
[400] *H. Jaumann:* Die deutsche Barockliteratur. Wertung – Umwertung. Eine wertungsgesch. Studie in systemat. Absicht. 1975.

[401] *A. Martino:* Daniel Caspar von Lohenstein. Geschichte seiner Rezeption. Bd 1, 1661 – 1800. 1978 [erstmals ital. 1975].

[402] *L. Forster* [Hrsg.]: Studien zur europäischen Rezeption deutscher Barockliteratur. (Wolffenb. Arbeiten z. Barockforschg. Bd 11) 1983. [Darin sind weitere Hinweise auf die G. Rezeption in der Romania, in Schweden und Rußland enthalten].

angefertigt von Helga Mannack

SAMMLUNG METZLER

J. B. METZLER

Printed in the United States
By Bookmasters